U0140077

害羞者
的
社交手冊

The
Shyness
Workbook

Take Control of Social Anxiety
Using Your Compassionate Mind

Lynne Henderson

琳恩‧韓德森 著

吳書榆 譯

目次
CONTENTS

第 **1** 章
其實，害羞不是一種缺陷

第 **2** 章
藏在大腦的害羞祕密

第 3 章
慈悲，害羞者的社交魔法

第 4 章
正念、旁觀者與猴子心思

第 **5** 章
害羞者的「想像」練習

第 **6** 章
害羞者的「轉念」練習

第 7 章
讓害羞和社交焦慮，重新回到平衡

第 **8** 章
害羞者的「行為」練習

第 9 章
成為更好的自己，迎向更好的關係

這樣行動，這樣思考，
害羞的你也能與人自在相處

和勇敢又用心的案主及同事合作與學習多年之後，我很高興能將《善用慈悲焦點治療，強化社交信心與緩解害羞》（*Improving Social Confidence and Reducing Shyness Using Compassion Focused Therapy*），重新編寫成這一本《害羞者的社交手冊》。

本書匯集了我在帕拉奧圖害羞診所（Palo Alto Shyness Clinic）與多年執業過程所累積的心得。治療師與案主攜手，一起探索害羞（shyness）與羞恥（shame）如何限制我們發揮潛能，妨害我們與他人建立深刻的連結。我們也發現，寫下自己的經驗可以從中學習，而透過腦力激盪和練習新的行為也能促成新的成長。

我們來回顧一下史丹佛害羞診所的歲月，重溫促使本書出版的各種因素。1971 年，菲利普・金巴多（Philip Zimbardo）和他的學生做了一項知名的史丹佛監獄實驗（Stanford Prison Experiment），一群心智健全的年輕男大生被隨機指派角色，在心理系大樓地下室一處二十四小時無休的模擬監獄裡，擔任

囚犯或獄卒。「囚犯」很快就變得非常焦慮，顯現出各種症候群，「獄卒」則殘暴的不得了。這項實驗六天後就結束了（本來預計要做兩個星期）。之後，金巴多和學生辦了一場研討會，試著理解到底發生了什麼事。一個學生提到，對害羞的人來說，我們既是自己的囚犯，也是自己的獄卒。囚犯的我想要逃脫，卻又充滿恐懼；獄卒的我則帶著敵意，將囚犯關住不放。根據這番洞見，金巴多和他的學生開始在史丹佛收集相關數據，後來集結成他的書《不再害羞》（*Shyness*），也開始在他們命名為「史丹佛害羞診所」的地方做團體治療。

1982 年，我成為史丹佛害羞診所的所長（後來改名為帕拉奧圖害羞診所），金巴多博士則擔任顧問、研究指導及合作夥伴。接下來三十八年，我在害羞診所與私人執業場所，與許多羞怯的案主合作。根據實務經驗，我設計了一套「社交適能訓練」（Social Fitness Training^SM）模型，提供方法讓害羞與社交焦慮者，逐步練習。你在這本書會讀到，前十三週會根據瑞克‧海因伯格（Rick Heimberg）和黛博拉‧霍普（Debra Hope）的研究，採取認知行為治療，並做角色扮演；後十三週則包含社交技巧訓練，以及學會建立親密關係。

透過這些工作，我發現了（也是我的經驗談）非常害羞而且有嚴重社交焦慮的人，擁有非凡的能力與韌性。就算經診斷為社交恐懼症，比方說我們所有的案主，一旦覺得被接納與受尊重，就沒有缺乏社交技能這回事了。而這些人在見面互動

時，更展現了可觀的社交能力。在團體治療中，他們勤懇認真、齊心合作，而且會體貼小組內其他成員。能和自己喜歡並尊重、而且也自認羞怯的人相處，讓他們大大鬆了一口氣。剛進小組時，幾乎每一個人都相信自己是小組裡最害羞、最笨手笨腳的人，但他們展現出來的優點讓我大吃一驚，缺點根本不值一提。這些案主做了一場角色扮演，以小組為單位來解決問題。他們互相扶持，輪流接任領導者，並快速解決問題，展現出良好的人際互動能力。而我也在取得當事人同意下，在之後的大型研討會上演講時，播放他們的影片。

然而，我也看到案主是多麼辛苦對抗羞恥感和自責，以及他們受到多大的折磨。即便如此，我們在團體治療時通常都還是有辦法玩得盡興，能幽自己一默，笑著面對人生的大挑戰。

害羞的人通常嚴以律己，也常常感到非常羞恥。我明白他們因為害羞而被汙名化，把害羞當成需要治療的疾病，製藥公司也強化了這種想法。但就我來看，這絕對是錯誤的模式，因為這讓當事人覺得很無力，而且也沒有實質幫助。我決定要發展一個健康導向的模式，讓案主覺得受到尊重，並把他們當成共事夥伴，一起學習要怎麼做，才能更好地適應和融入社交環境。這就是我把我的療法取名為「社交適能訓練」的原因。在診所的團體治療中，當成員請團體帶領者擔任主導的角色時，帶領者會溫柔地拒絕，反而要案主自行提出意見，看看要如何做角色扮演、對於我們的社交技能訓練用書有何批評指教，並

請他們給予回饋，看他們認為這種團體形式有沒有幫助或有多少幫助，對我們又有何想法。當案主開始給意見，小組就變得更有活力，他們也會很快就帶領起小組。我早期也接受過心理動力學（psychodynamic）的訓練，因此，在後十三週培養信任、自我揭露、傾聽技巧、非口語溝通、處理衝突和自我肯定的練習時，也整合了心理動力學的方法。而以探索心理動力的方式介入治療，能幫助案主察覺自己未曾意識到的想法和感受。

而我和雷納德・霍洛維茲（Leonard Horowitz）在史丹佛做的研究，也有了新的發現。我和霍洛維茲鑽研的是「自動負面思考」（negative automatic thought）。每一個人每天都不時會產生這種不合理的想法，可能是對自己的評價，比方說「我永遠都做不好」或者是「哪裡都容不下我」。但也可能針對別人，像是「別人看到我不安，他們反而有優越感」、「我覺得不舒服的時候，別人都無法感同身受」或者「如果我讓別人接近我，他們會拒絕我，也會傷害我」。我們根據團體治療中，案主針對他人講出的自動負面想法，設計出一個害羞指標，把史丹佛大學的學生分類成害羞和不害羞的。研究顯示，與史丹佛的學生（不管害不害羞）相比之下，害羞診所案主會對**別人**產生的自動負面想法明顯多很多。這些發現指出，很多長期都很羞怯的人、以及有社交焦慮症者很難信任他人，他們認為別人會批判、帶有優越感且會造成傷害，這些感受導致他們和自己與別人都很疏離。

進入團體治療時，案主可以減緩自責和羞恥感、對他人的自動負面思考、憎恨、害羞與憂鬱。然而，在團體治療結束**之後**，他們仍難以面對羞怯，也難調節情緒。這促使我去找更好的方法，希望能讓案主持續保有治療中得到的收穫，並看怎麼樣才能利用情緒調節與長期自我疼惜等方法，提供更好的協助。我探索了正念技巧，受訓成為正念減壓合格師資，希望能把正念減壓納入診所的治療裡面。

　　當我聽說保羅‧吉伯特（Paul Gilbert）所做的慈悲心訓練（Compassionate Mind Training）研究時，我很著迷也很佩服，心想著要多學一點。我參加一場吉伯特在英國舉辦的工作坊，並鑽研他的慈悲焦點治療（compassion focused therapy，簡稱CFT）。他講述了威脅系統（threat system）、驅動系統（drive system）和安撫系統（soothing system），並設定目標，運用具體練習，來降低恐懼與羞愧、強化自我撫慰與疼惜，讓我們可以善用驅動系統，全力達成目標。這套做法極具潛力，很能處理長期的害羞和社交焦慮症。

　　吉伯特博士邀請我寫一本用慈悲來因應害羞的書。雖然我很高興有此機會，但我也覺得他要我這個慈悲焦點治療上的相對新手來做這件事，十分冒險。《善用慈悲焦點治療，強化社交信心與緩解害羞》便是他的邀請創造出的成果。

　　我非常感謝他幫助我修改、甚至在檢視之後替我重寫部分段落。吉伯特仁慈又有耐心，我十分敬重他這些優點，也同樣

敬佩他的非凡專業以及能力，可理解多個領域並加以整合，幫助大家過著更慈悲的人生。

最近吉伯特又邀請我把那本書重新編寫成這本練習簿。我相信，《害羞者的社交手冊》非常有用，能幫助你和別人相處與交流，從而和他人變得更親密。話說回來，受害羞所苦的人，通常很快就能學會如何認識別人、了解對方。畢竟，在那種情況下，簡單地分享自己、興趣、嗜好、參加的志工活動、價值觀等客觀事實，就綽綽有餘了。然而，隨著關係愈來愈深入，「分享點滴」就會愈來愈困難，因為會涉及很私人的層面。與別人愈走愈近時，每個人通常都會顧慮到「如果他們知道『真實的我』是怎樣，看到我的缺點和不安，因此排斥我，那怎麼辦？」感到害羞不已時，我們不會體認到這種感覺其實舉世皆然。每個人在培養親密關係時，都會覺得受威脅、不安全。畢竟，愈是親密，風險也就愈高。話雖如此，擁有好的朋友與伴侶，他們會陪伴我們，支持我們度過難關。畢竟，若能充分認識自己、知道自己想要去的地方，更忠於自我，自然能過上充實又滿足的人生。要是做不到，那就需要有人願意提出有建設性的意見。

《害羞者的社交手冊》讓人可以做很私密的自省，也可以探索自己對於他人感受到的恐懼，讓你在做練習時，有機會挑戰並拆解自己的自動負面思考。一旦你能別人分享自己的反思，並看到所有人都有這些顧慮，就有機會緩解你對於親密的

恐懼。

《害羞者的社交手冊》邀請你給自己出功課，之後再寫下你的經驗，包括你希望下一次可能有哪些不同的做法。本書也鼓勵你花點時間細細品味你的「成功」。而當你達成了對自己的承諾，那就是所謂的「成功」了。（畢竟，每個人的感受、在乎的事與限制不同，和他人有關的結果，我們無法控制。然而，你可以控制**你**要採取的行動，以及你對這些行動的感受。）

透過這本社交手冊，你可以打造出有利學習的環境，摸索不同的想法和行為，持續練習。記住：唯有親自在社交上犯錯、跌撞甚至狠摔一跤，你、我或任何人才能愈來愈精於社交互動。也就因為這樣，我的模型才會取名為社交適能訓練。坐在椅子上成不了出色的運動員，逃避與他人交流也無法成為社交好手。想想看，在學習過程中，有多少次，不小心離題，或者，想著要如何舉一反三時，實際上同時間也擴大並深化你的知識？

我希望《害羞者的社交手冊》能激發出省思與討論，並且是經得起考驗、有用的自助法寶，或者能在你做團體或個人治療時派上用場，無論是治療師還是案主都能從中受惠。

我很喜歡練習簿的格式，希望你也一樣。

琳恩·韓德森博士
加州柏克萊
2021 年

以嶄新的練習，
一步步養成你的社交信心

　　能為琳恩・韓德森這本重要的社交信心養成著作寫導讀，我很開心也深感殊榮。講起來，我為韓德森博士的《善用慈悲焦點治療，強化社交信心與緩解害羞》寫導讀已經是十一年前的事了，真是不可思議。那本書是談如何以慈悲為基礎，來培養社交信心、克服害羞與社交焦慮的問題。多年來，她一直是該領域的領導人物，傲視國際，也最早整合各種慈悲焦點做法，納入一套之前就已經打造出來的頂尖方案，幫助為社交焦慮與害羞所苦的人們。很多人從她那本早期的著作中得到很深刻的見解與協助，她這本新的練習簿也毫不遜色，對於遭遇這類難處的人來說，同樣重要又讓人讚嘆。

　　正如人們所想，過去十一年來，害羞與社交信心領域有很多變化與發展，在慈悲方面亦然。舉例來說，有爆大量的研究去探索，如果把「慈悲」本身當成行為背後的根本驅動力，會有哪些特性。研究一直在找，是哪些已經完成演化的核心生理系統，讓我們有能力去關懷別人，並且展現慈悲。慈悲與直接的關懷（除了人之外的很多物種也有關懷能力）不同，慈悲是

有自覺的承諾，想的是要去關懷別人並幫上忙。因此，慈悲的核心是要鼓起勇氣敢與受苦者互動，並做好準備培養出大智慧，想出實作的辦法。用這種方式來面對社交焦慮與害羞等問題，就像在內心打造出平台，容下正念、接納，並真心誠意想要助人，而不是批評或傷害。全世界有多如江河的研究，在檢視人實踐慈悲的不同面向時，大腦有何變化。有愈來愈多證據顯示，訓練慈悲心和慈悲焦點治療，對多種心理健康問題多有幫助。

這很重要，因為害羞和焦慮本身是問題，但同時也是跨診斷（transdiagnostic，按：指同一種癥狀可以歸類在多種不同的診斷中）的問題。害羞與焦慮的問題會出現在諸多人生困境中，比方說憂鬱、各種焦慮症、飲食失調，甚至精神疾病。理解害羞和社交焦慮，並能處理這些問題，是培養社交信心的根本，也可以改變很多心理困境。這很重要，因為現在大家都知道，有能力和他人培養出有用有助益的關係，乃是幸福的基礎。當人背負害羞與社交焦慮的重擔，就無緣感受到與其他人緊密連結。確實，面臨這些困境的人會覺得疏離、孤獨，而且害怕向外求助，有些人甚至覺得根本不可能得到幫助。

韓德森博士在《害羞者的社交手冊》展現專業，勾勒了她想法的發展脈絡，講述她如何將慈悲焦點治療中日新月異的文獻資料，結合社交焦慮的研究，整合到她的社交適能訓練方案中。在這一趟培養社交信心的旅程中，讀者會接觸到許多嶄新

的領域，還有令人耳目一新的見解和練習，幫助你們建立社交
自信。她這一生都在處理這些問題，累積了豐富的經驗，讓人
忍不住振奮，想看這本練習簿如何反映出這些新概念。書中提
出很多見解、觀念，並講到有哪些方法可以幫助在這些困境裡
受苦的人，能寬慰很多人，並讓人從中受惠。

保羅・吉伯特

英國臨床心理學家、慈悲焦點治療創始人

2021 年

第 *1* 章

其實，
害羞不是一種缺陷

幾乎所有人都經歷過羞怯以及社交上的彆扭、不確定和焦慮。回想一下，人生至今，你有哪些時候覺得很害羞，對社交感到恐懼？當時你發生了什麼事？身邊有哪些人？你處於什麼樣的情境？很多人會在與人初相識、第一次約會、工作面試、和權威人士交談，或在一小群人面前講話時感到羞怯，或動不動就覺得自己不對勁。如果我們認為別人會批判自己，也會覺得焦慮，擔心會被評論。那種被人看、被人評估的感覺非常痛苦，而且，我們不僅會在自認受到批評時會有這種感覺，就連別人對自己讚許有加、基於正面的理由讓我們露臉時，也會感受到強烈的忸怩不安。

　　當你回想起自己覺得害羞或忸怩的時刻，可能也想起伴隨著焦慮感而出現的生理感受，像是：口乾舌燥、腸胃翻攪、聲音聽起來顫慄發抖，甚至粗啞像鴨子叫，以及不斷地在清喉嚨。當我們覺得別人在看自己，可能會漲紅了臉，覺得血液在奔流。我們恐怕還會覺得心裡一片空白，要等到之後（很可能過了幾個小時）才自問：「剛剛是怎麼了？我怎麼不這麼說或那麼說？」

　　如果你有以上任何一種經驗，你並不孤單，這些都是常見的感受和反應。事實上，至少 98% 的美國大學生與成人，都有過這種羞怯與焦慮的經驗。現在有近 60% 的大學生說他們很害羞，而且認為有時害羞是個問題。我們很難想像有誰**從來不覺得**害羞，因為害羞可以說是一種基本的人類情緒，當中還

混合了恐懼和好奇。[1]

　　然而，一個人感受到的羞怯有多嚴重或多輕微，則要取決於多項因素，有些是內部的（在自己身上），有些是外部的（在自身以外）。

　　本書會探究害羞與社交焦慮現象，以了解害羞的感覺、想法與行為，並學著處理。我們會思考如何用慈悲心來面對自身的焦慮，而不要想著去忽略、逃避或憎恨。畢竟，就像我們會看到的，焦慮是人類大腦演化出來的一種適應性功能。所有動物都會焦慮、有社交警覺性，是有理由的。隨著我們探討這個概念，將會理解害羞與焦慮造成人生卡關時，並不是因為我們做錯了什麼，而是大腦設計的一部分。[2]

　　我們會談到害羞的力量（包括害羞的價值），以及害羞的弱點。我們會探討正常的害羞如何變成問題，以及當情勢如此時又該如何因應。我們也會談到哪些辦法有用、哪些又會讓問題雪上加霜。

　　本書是一份邀請，請身為讀者的你根據自身需求，選擇最適合自己的方法。這本書裡，納入了很多人覺得很有用的說明、省思和練習。本書的觀點是基於科學研究、實務，以及我和其他治療師的幾百位案主所回饋的經驗。當然，每一個人都獨一無二，你說不定會發現，書裡講到的某些關於羞怯的感受、挑戰、優點或缺點，讓你很有共鳴，有些則否。同樣的，說明、省思和練習可能有用，也可能沒用。請你親自嘗試看

看，然後善用對你來說有幫助的方法。你可以獨力去做，也可以尋求治療師的協助，或和其他人一起在團體治療中練習。你是最知道如何讓這本書為你所用的人。

害羞，是有分程度的

繼續講下去之前，很重要的是，要先區分「尋常的害羞」（幾乎每個人都不時會有這種感覺）和「比較麻煩、長期性或極度的害羞」之間有差異。只有不到2％大學生說自己從不曾害羞，58％說自己**很**害羞，而約有三分之一的人不覺得這是個問題。[3]如果你不時為了害羞所苦（這或許就是你讀本書的理由），我希望當你**真的**覺得差怯時，書中這些練習能幫上你的忙。

我也希望能幫你抵抗過去幾十年所形成的對害羞的刻板印象。我認為，是社會歪風與媒體吹捧外向與個人主義，才造成這些負面印象。如果你不理解刻板印象從何而來、又如何發揮作用，會有損你的自信，並妨礙你接納自身寶貴的性情特質。[4]

對某些讀者而言，由於遭遇過生活中各種痛苦經歷與事件，個性怕生很可能妨礙了你去做人生中想做的事。你或許替自己貼上害羞的標籤，並視之為問題。別人也許因為你很安靜、內向特質遠高於外向，或做不到明快果斷，替你貼上害羞的標籤。有些讀者有時候會察覺到自己心理非常羞怯，但身邊

的人覺得你很外向且精於社交，根本一點都不羞澀。如果你是後面這種人，你可能很擔心，萬一別人了解你之後，會對你感到很失望，覺得你這個人很不夠格。這麼一來，比起認識新的人，你可能更害怕和別人變得親密。[5]

有些讀者或許不時會找資源，克服會造成問題的害羞。你也許是自己面對並從中學習。例如，你可能至少交了一個或者更多朋友，然後你在某些方面也漸漸不那麼羞怯了，不再妨礙你在社交上與職場上去做想做之事。有些人會在我上節目時叩應進來，對我訴說他們如何藉由閱讀自助書籍和嘗試新的行為，來克服害羞，你或許也是這種人。

你可能長久以來都害羞的不得了，因為很怕受人批評而完全迴避社交場合，或者只能忍受，一點都不覺得享受（事實上，你根本覺得嚴重不適）。可能有某一種（或很多種）特定情境讓你極度不安，比方說公開演說、認識新的人、邀請某人約會、和一小群人出門、面對主管或老師、從事性行為或其他親密互動。[6]你也許格格不入，還有點憂鬱；你或許會故意誇張行事，以掩蓋你的羞怯；你也可能非常寂寞。[7]這些正是來接受害羞團體治療的人有過的經歷。[8]如果你也有過，本書的練習可以幫到你。你也或許想找一位治療師引導你完成這些練習。[9]無論你的情況是哪一種，你都可以試著做練習，看看效果如何，再決定怎麼做對你來說有幫助。

沒有那麼多絕對，「害羞」也可以很迷人

人們對害羞有很多負面聯想，也使得我們很容易就忽略害羞的好處。比如，害羞的人**不會**特別想要占上風、強勢對待他人，也不想被視為「第一名」或去掌控別人；害羞的人通常會擔心如何和其他人建立關係或相處，很怕自己做不好。

我們或許應把生來害羞的人和本性大膽的人（這些人會主動出頭，馬上就融入，但他們對於別人的想法和感受不太敏感），都視為正常人。說自己羞怯的人，在社交情境下會用研究人員所說的「停一下，先觀察」（pause to check）方法自處。這是說，他們會在投入之前先「收集情報」。

害羞的孩子通常對他人的想法與感受都很敏感，他們多會協助同學，展現合作與利他的行為，並對其他悲傷難過的孩子表達同情。我們也知道，用這種方法做人處事（用心理學家的話來說，這叫「利社會行為」〔pro-social behaviour〕）的孩子，長大成人以後也比較可能用同樣的方式行事。還有，雖然羞怯的青少年確實比較可能同情別人，但如果他們自己非常悲傷煩惱，以至於把整個焦點轉向自己內心的焦慮和不快樂，那又另當別論。[10] 當然，任何人一旦覺得這麼不開心，都很難去看到別人有什麼感覺和需求。

害羞的小孩很敏感，但如果父母師長是溫馨、善意且提供大力支持的人，敏感小孩在生理上會比不害羞的小孩更健康。

相反的，要是敏感小孩身在支持力量沒那麼大的環境，就會有比較嚴重的過敏性鼻炎等問題。[11] 觀察力特別敏銳或對他人很敏感的小孩**或**大人，身在高度競爭、不願接納、冷酷的環境（這是有毒的環境）下，會開始抽離，避開其他人。到了這個時候，對他們來說最好的辦法恐怕是抽身，另外找一個比較能互相合作、彼此支持的環境。如果當事人是羞怯的孩子，這是為人父母要做的決定。

當生命中不好的經歷與事件（例如頻繁遷徙、喪親、在家或在學校不斷受到批評）、被剝奪的經驗或經常性地被拒絕，把一般的害羞和敏感變成心理困境，害羞才會是問題（有時候是很痛苦、甚至很磨人的）。

當你很介意別人的批評、但又無法外求友誼或社交上的支援，或者無法去應徵你真心喜歡的工作、或去你真正想念的學校時，在這些情境中，減緩社交焦慮及讓人痛苦的羞怯會大有幫助。[12] 我們之所以要做相關的探索，目標是要讓你覺得有能力去做真心想做的事，聚焦在你真正在乎的事物上。

親愛的，那不是你的錯

如今，我們已知人類的大腦演化了數百萬年。事實上，大腦結構中最原始的部分，可以追溯自古老的脊椎動物共祖身上，甚至更早。大腦內有很多我們和其他動物共有的基本情緒與行為系統，因此，人類和其他動物一樣，也會焦慮與憤怒，有動力去建立親密關係、交朋友、愛我們的孩子，會為了地位而鬥爭，也會像動物一樣成群結隊尋求團體歸屬感。受到別人的接納與歡迎會讓我們覺得安全，如果不確定能不能得到這些，就會比較沒有安全感。很多基本的情感、社會動機和情緒，都是演化的產物。吉伯特在他所寫的《慈悲之心》（*The Compassionate Mind*）裡指出，這對我們來說大有意義。這代

表人之所以會有某些想法、會受到激勵去做某些事，是演化將人類的大腦設計成如此，加上後天的人生經驗所形塑而成的結果。我們對某些事物就是會有特定的感受，比方說，對這件事感到很焦慮，或對那件事覺得很害怕，**但這不是我們的錯**。

因此，請好好想想這一點：**害羞替你製造的這些問題，並非你的錯**。我們在這本書裡探索害羞議題時，前述這句話非常重要，而且給了我們很重要的洞見，這也正是慈悲訓練的起點。當我們不再因為會造成問題的長期性害羞與社交焦慮，自覺低人一等，也不再自責，就能更自在、並好好用慈悲的心情，來因應這些難題。我們會體認到，我們很敏感、很容易因為痛苦的羞怯經驗受傷，都不是因為自己做錯了什麼。而我們可以堅定地努力，用慈悲的態度去處理會造成問題或痛苦的事物，不讓社交焦慮主宰人生。

我們**有**責任去做點什麼，好讓大腦發揮最大潛力，但感受到焦慮時也無須自責。放下自責的那一刻，我們就能釋放自己，更從容面對自身的難處和挑戰。

作業單：找出你的自責習慣

害羞並不是我們的錯，但當我們覺得羞怯、與他人的互動不如預期中順利，我們卻會自責。請想一想最近一次你自責的情境。

　　我們都需要他人的支持、愛與傾聽。這些舉世皆然的需求，能讓羞怯的情緒發揮長處，為天性害羞的人帶來優勢，因為靦腆害羞的人通常都是好的傾聽者，也很懂得支持別人，個性忠實且始終如一。這些都是慈悲會有的特質。當我們慈悲待人，對方也多半會慈悲相待。事實上，針對人際關係的研究指出，人類本性存有投桃報李的互惠性：當我們微笑並表現友好時，對方也會和氣以待。但有意思的是，講到主導與支配，人際之間的互動就不是互惠性的，而是互補性的：我們臣服，對方就會領導；我們決斷，對方就會聽從領導。[13] 對靦腆的人來說，互動時，祕訣在於展現笑容與善善，以引發友善的回應，並在他人持續主導或難以跟從（或是在領導時做出糟糕的判斷）時，學著更果斷一些。接受害羞團體治療的人，常常會很驚訝地發現，當自己建議對方去做什麼事、提出構想或採取更果斷的做法時，別人居然會跟從。

羞怯的人會有的行為通常都關乎合作與維持信任關係，而不是主導與打敗別人。我拍過一部影片，由害羞診所的案主進行角色扮演，演練要選擇哪些人在地球毀滅時，坐進太空船裡逃命。我取得他們的允可之後，在一次大型研討會上播放。他們既無侵略性也不懦弱屈從，反而都是禮貌的人，會輪流分享意見與傾聽。他們會提出自己的想法，也能高效解決問題。在場的觀眾都很讚嘆！

　　有意思的是，其他動物身上也常見社交焦慮與羞怯。為了過著群體生活，不要一直為了爭取資源而戰鬥，很多動物會形成階級，強壯獨霸的信心滿滿，比較弱小的就需要警惕。社會秩序之所以能維持下去，通常仰賴的就是弱小一方身上的社交焦慮。弱小的一方有特定的展現焦慮方式，我們稱之為順服行為（submissive behaviour）。順服行為包括避免對視，讓自己的身形看起來比大型的一方小，成為邊緣人，不要積極展現信心。

　　如果你思考一下，會發現人也是這樣。確實，有些理論學家認為，害羞以及社交焦慮和社會階級（social rank）的敏感度有關。他們指出社交焦慮有助於維持社會秩序，如果少了社交焦慮，就會出現更多侵略性的行為，群體無法穩定下來平靜過日。這套理論說，適度的害羞和社交焦慮會讓人隨時保持警惕，不會把什麼都視為理所當然，反而會更密切注意其他人做什麼、怎麼想，也會一直掛念著不要讓別人太難受。因此，某

種程度上，社交焦慮很可能有助於社會和諧。

　　社會階級理論特別適合套用在傳統以男性為主的社會階層和高度競爭的文化，然而，隨著愈多更進步成熟的男性與女性踏上企業與政界掌權地位，這很可能會有改變。「溫柔友善」（意指偏重「以和為貴」以及「給予和接受社會支持」，而不強調「戰或逃」）的文化，開始出現在商界與學術界。[14] 以和為貴、以及給予和接受社會性的支持，是革命性策略，和戰與逃策略一樣靈活、有彈性。即便是強勢、好勝的領袖型男性，都可以從這樣的轉變中獲益，因為人跟氣球一樣，就算是最積極進取的男性，某個時候也會失去力量，其他同樣具侵略性的男性此時多半會折磨並霸凌他們。反之，許多比較羞怯的人則會用不同的方法處世（而且，他們也會展現出比較和平、合作的態度以達成許多目的）。或許，我們不該拿氣球來比擬，可能該說人比較像愛好和平的倭黑猩猩（bonobo）——牠們也是人科的一員，是與人類最相近的動物。

　　慈悲可以幫助害羞怕生的人，讓他們好好活在一個把差異視為次等、或有問題的世界。慈悲可以幫助自覺羞怯的人理解不斷變動的世界，讓他們知道自己應該如何處世，又如何讓這個世界變成更好的所在。

容易害羞內耗，是因為……

面對社交互動這類的情境時，人類會去因應，像是在面對不確定性時感到羞怯。但除此之外，人類也會去思考、想像與幻想各種情況，在腦子裡搬演各式各樣過去或未來的場景。舉例來說，當我們要和某個新認識的人見面，就會去想像對方是怎麼樣的人。我們對此人的想像（比方說，想像對方是善良且對我們感興趣，還是冷酷又不在乎我們），將會影響此時此刻以及我們真正與對方見面時的感受。這是人獨一無二，與其他動物不同的面向。

科學家指出，約兩百萬年前人類就開始演化出新能力：思考、反覆思量、培養出自我感以及自我覺察。人類的另一近親黑猩猩（chimpanzee），如果旁邊出現其他會造成傷害的強大或具優勢個體，牠們會展現出明顯的社交焦慮與警惕，但不會呆坐在那裡擔心自己看起來怎麼樣，不去想最近又變胖了的事，也不怕別人對於牠們體重太重、或是表情還不夠完美，會有什麼反應。相反的，人類就會這麼做，而且還經常這麼做。我們早上起床後為什麼要漱洗打扮、甚至化好妝才要面對這一天？我們都顧慮**自己在別人心目中是什麼模樣**，並對此非常敏感。

除了人以外的動物，多數的恐懼都和生理威脅有關。而人比較擔心的是社交與心理威脅，例如被排斥、被忽視、被戲弄

或被批評。我們顧慮別人在心裡怎麼看待我們，不希望被視為低人一等。因此，人非常介意等級與社會地位、自身的吸引力、是不是討人喜歡、是不是別人眼中能幹與受歡迎的人。害羞與社交焦慮嚴重到會造成問題的人，很少擔心別人會使用暴力或衝著他們來。他們比較煩惱的是，別人眼中的自己沒有魅力、不討喜、無趣、無能或某些方面很愚蠢。因此，他們很容易因為被忽略、被無視、被跳過、被拒絕、被批評或被挑剔，而感到受傷。

當這些恐懼被觸發，人類很可能也會出現跟其他動物一樣的行為：順服或逃避。即便人類害怕的不是生理攻擊（通常都不是），但如果我們自覺在別人心裡**一文不值**，社交恐懼就會觸發各種不同的生理與情緒感受，以及各種順服行為，就好像身體裡有某個力量為了保護我們而拉住我們。

這樣的力量就顯現在傳統性別角色的刻板印象上。比方說，女性的順服行為會受到讚賞，害羞女性成婚的年齡和比例，和不害羞的女性相當。但，男性很可能會因羞怯受罪，在傳統上認為男子氣概（不能敏感、要喜怒不形於色）很重要的高度競爭環境下，問題尤大。另一方面，女性的教育程度愈高、愈有自覺，就愈喜歡兼具陰柔與剛強特質的男性，愈不能容忍男性應該「強硬」且不敏感的傳統陽剛模式。

有些男性擔心自己不夠霸氣且太過感性，因此很難找女友或伴侶，我們在診所裡常會對這些人說：「我們要告訴你一個

好消息！你可以請心儀的女子去喝咖啡或共進晚餐，同時對她說你有點害羞，看看對方有何反應。」這項練習通常都很順利。我的意思並不是一定都能追到對方。確實，有些女性喜歡比較霸氣、甚至強硬的男性，這種女性或許就不適合敏感的男性。有時候，那些曾經受過嚴重傷害或受虐的女性，她們想要找強壯一點的保護者。

作業單：你留意過自己害羞的樣子嗎？

　　寫下當我在某個場合覺得害羞時，我的想法、情緒與行為：

　　_____

　　我和人類的近親黑猩猩有何不同？

　　_____

　　人類的思考方式，如何影響我的恐懼與順服行為？

　　_____

害羞、演化與內心戲

　　人類的害羞情緒，和人對於自己在別人心目中的樣子很敏感有關。我們會把想法和感受聚焦在「認為別人對自己有什麼想法與感受」。為什麼人類是唯一介意別人對自己有何想法的

動物？這又要講回演化了。

　人是合作的動物，從出生那一天到死亡那一刻，我們都需要他人的支援與協助。除了親近家人以外，若想得到別人的協助與支持，就要努力打動對方。我們有動機在別人心裡留下好印象，因為希望他們喜歡我們，選擇我們。舉例來說，第一天上學時，我們就能察覺到有些學生比較受歡迎，有些體育表現更好（玩遊戲時很快就中選），有些較有自信。我們知道有些人會得到比較多的關注。社交焦慮的小孩很可能會感受到這些差異。還有，如果父母很介意「鄰居怎麼想」，那小孩的心思也會轉而在意別人對自己的看法，相信自己要在社交上揮灑自如才會受人接納。但如果你的家庭在附近是弱勢族群，或者賺的錢比較少，會有這種擔心很自然，可能也和刻板印象帶來的威脅有關。然而，當人們彼此理解，就會大幅降低刻板印象。因此，努力跨越差異締結各種關係，是值得的。

　人們初遇時，通常都是以「言」取人，但很快的，就會根據對方的行為、而不是言談來看人（有研究指出，如果雙方每週都會碰面，短短幾星期內，人們就會從行為、而非言談，來判斷對方是什麼樣的人）。這對於比較內向、安靜的人來說是好事。人類具有辨識能力。近期研究顯示，大學生看一看就可以知道哪些人在付出、與別人配合，哪些人又在占人便宜。因此，如果你不要躲得太開，不要讓別人太難看清楚你的本質，就更能與人自在相處。

受人喜愛，是人類與生俱來的「渴望」

　　「受人喜愛」在某種程度上很重要，而且這是有道理的。如果別人喜歡你，當你有需要時就會有人幫你，與你站在同一陣線，和你一起分擔，支持你完成目標，諸如此類。想一想，這可是人類經歷數百萬年演化之後，出現的重要特質。是否受人喜歡、被人接納與得人看重，有時候甚至可以定生死。對幾萬年前的人類來說，不討喜、被排斥會是嚴重的壞消息。雖然在目前的社會裡，通常不會因此引發生死問題，但別人對你有沒有好感，會大大影響你的生活品質。另一方面，你也要學習忍受不討喜與被排斥，以捍衛對你來說也很重要的事物，如選擇你真正尊敬的朋友，而不需要做到讓每一個人都喜歡你。記住，如果你是內向的人，你可能只需要一些朋友就夠了，比方說有一、兩個摯友。但為了找到好朋友，你必須主動出擊，去接觸別人。而且，找到真正的王子或公主之前，也可能得先親吻幾隻青蛙。

　　從日常的人際互動中，就可以看出人都「渴望被喜歡」。比方說，認識新朋友時，會希望對方說「認識你真好」，而不是「很高興認識你，但這也沒什麼特別的」。如果你請朋友來家裡吃飯，你會希望對方說「這頓飯真美味」，而不是「這頓飯很普通」。

　　我們做很多事背後的用意，都是渴求被接納、受重視、得

肯定與讓人喜歡，我們會這麼做，是因為人類就是這樣。努力想被人接納與受人看重時，我們得**展現自我**並冒點風險。話說回來，不是每一個人都會看重或肯定我們。但如果最後的結果真的是**這樣**，又該如何因應？

很害羞或社交焦慮嚴重到會造成問題的人，可能會覺得被逼到牆角。一方面，他們希望被重視，期待自己的貢獻受肯定，想得到其他人的接納，但另一方面，要大方展現自己，好讓別人認識、理解自己然後獲得青睞，可能會使得他們倍感焦慮。畢竟，別人可能會批評你說的話或提出的建議。真是很難為，可不是嗎？如果你去思考一下自己的羞怯，就應該能感受到這當中的兩難，一方面，你希望融入社交場合成為其中一分子。但另一方面你又很焦慮，怕自己做的事或說的話可能會引起別人的注意，而且是不好的那一種。學習面對會造成問題的害羞或社交焦慮，有一環就涉及學習如何因應這些風險，並在遇到挫折時勇敢面對。

演化如何解釋人類為何會渴望受人喜愛？

_____

我們從中學到的心得，如何幫助你因應風險與挫折？

_____

這些名人其實很害羞？

　　羞怯的人日後變得成功、名聲響亮，這類例子可說多到講不完。金巴多在《不再害羞》這本書裡，就提到好幾個案例。此外，芮妮‧吉伯特博士（Renee Gilbert Ph.D.）也在其網站「Shake Your Shyness」中，整理了很多害羞名人的資料，非常好用。[15]

　　歷史上有哪些害羞的人物與他們有哪些人格特質，通常都是因為出了傳記才為世人所知，比方說桃莉絲‧基恩斯‧古德溫（Doris Kearns Goodwin）在《無敵》（*A Team of Rivals*）描寫的林肯。[16] 林肯面對女性時很羞怯，尤其是吸引他的女性（這是很常見的特質，因為其中涉及最重要的演化目標：繁衍後代）。他學著接近女性，等他年紀漸長也開始和妻子分享更多想法和感受。林肯具備敏感度、合作特質、反省與分析議題的能力、同理心、道德感和勇氣等等，也因此，身為總統的他，能收服在全國性政治舞台上比他本人更亮眼、富裕且老練的男人，納為內閣。

　　林肯從事競選活動時拒絕批評對手，他寧願處理議題，並以真誠與智慧來向美國人民傳達理念。他的政治對手非常尊敬他，甚至願意成為他的內閣，他們會和他辯論議題，但仍舊對他與國家忠心耿耿，奉獻一己。歐巴馬在競選美國總統時，大致上也以林肯為表率，但他更運用了網路來競選。這是一個更

寬闊的論壇，幾乎讓全世界都能聽到他的理念。他看來也具備許多害羞領導的特質。

羞怯的領袖很可能是今天世界各地殷殷需求的領袖類型。以下有一些名人，雖然羞澀特質可能不是那麼明顯，但也都是害羞型的人物：

- 海莉耶・碧綺兒・史托（Harriet Beecher Stowe）：她是《湯姆叔叔的小屋》（*Uncle Tom's Cabin*）的作者，其著作讓讀者對奴隸制度的不道德，產生了強烈的義憤。
- 克拉拉・巴頓（Clara Barton）：她創辦紅十字會，並在美國南北戰爭時，照料傷兵。
- 湯瑪斯・傑佛遜（Thomas Jefferson）：他撰寫美國的《獨立宣言》，但只在總統就職典禮上公開發表過演說。
- 尤里西斯・格蘭特（Ulysses S. Grant）：美國南北戰爭時的將軍，日後成為總統。
- 德比郡（Derbyshire）的亨利・卡文迪區（Henry Cavendish）：他是世界上最偉大的科學家之一。他自覺和他人格格不入，而且這種隔閡被視為一種病（但他究竟是不是高功能亞斯伯格患者，還有待商議）。
- 英王喬治六世：他撐過醜聞與兄長愛德華的退位風波，忽然之間接下王位，成為現代最受愛戴且最能幹的君主

之一，讓全世界為之驚奇。

- 愛迪生：他放棄成為莎士比亞劇作演員，日後發明了燈泡以及各式各樣的新東西。
- 愛蓮娜·羅斯福（Eleanor Roosevelt）：童年和青年時期她很靦腆，但後來成為她那個世代最出色的領導人。
- 西奧多·羅斯福（Theodore Roosevelt）：小時候很害羞，有氣喘而且體型瘦小，後來成為美國總統。

　　英國女王伊莉莎白二世和查爾斯王子（Prince Charles，按：2023 年 5 月正式加冕為國王「查爾斯三世」）非常羞怯。黛安娜王妃也羞怯，但受千百萬人愛戴。我的英國友人替我列出一些英國當代的害羞名人，包含：演員羅伯·派汀森，青少年時期非常羞怯；知名演員安東尼·霍普金斯；足球員貝克漢；因為《哈利波特》而聲名大噪的男主角丹尼爾·雷德克里夫（Daniel Radcliffe）。我們還可以繼續列下去。

　　我們來講講英國演員史蒂芬·佛萊（Stephen Fry），他會怯場，這讓他付出了極高代價。他曾在一場演出中走下舞台，說他怯場到想自殺。佛萊承認他有躁鬱症。他的例子顯示，人的羞怯（更一般性的焦慮也一樣）有時是生理問題所引起，但也有可能是心理疾病的癥狀。佛萊是同性戀，這不僅讓他覺得不同於其他人，還怕別人知道之後會汙衊他。但他也展現了極大的勇氣，開誠布公談他的人生與情緒。

我最喜歡的（也是最迷人的）害羞型人物，是薛尼‧鮑迪（Sidney Poitier）。他是巴哈馬群島上一名番茄農的兒子，也是好萊塢最早的黑人男主角，「他幾乎是以一己之力扭轉了好萊塢在螢幕上營造的負面、『史蒂芬‧費其特』（Stepin Fetchit）諧星式的非裔美國男性形象……他舉手投足從容又不失謹慎，任何人都能意會到，這是一個不容愚弄的男人。」他演的電影主題是「艱難的道德選擇」，而他也是史上第一位贏得奧斯卡獎的黑人男性。鮑迪說自己是一個羞怯的局外人。他說：「我對此無能為力，也不想做什麼。」我一直覺得，無論是作為民權運動的一分子，還是他選擇出演的角色以及他的演技，都展現了極大的勇氣。[17]

　　這張害羞名人清單還可以繼續寫下去（而且怎麼樣也寫不完全）：愛因斯坦、阿姆斯壯、作家加瑞森‧凱勒（Garrison Keillor）、主持人強尼‧卡森（Johnny Carson）、Lady Gaga（她面對男性時很羞怯）、演員雪歌妮‧薇佛（Sigourney Weaver）、演員綺拉‧奈特莉（Keira Knightley）、歌手潔西卡‧辛普森（Jessica Simpson）、演員潔西卡‧艾巴（Jessica Alba）、演員強尼‧戴普（Johnny Depp）、演員亨利‧芳達（Henry Fonda）、演員布萊德‧彼特（Brad Pitt）、演員茱莉亞‧羅伯茲（Julia Roberts）、歌手席琳娜‧戈梅茲（Selena Gomez）、演員克莉絲汀‧史都華（Kristen Stewart）、演員凡妮莎‧哈金斯（Vanessa Hudgens）、演員哈里遜‧福特（Harrison Ford）、演

員凱文・科斯納（Kevin Costner）、殺手樂團（The Killers）主唱布蘭登・佛洛爾斯（Brandon Flowers）、演員勞勃・狄尼洛（Robert De Niro）、演員李察・吉爾（Richard Gere）、演員蜜雪兒・菲佛（Michelle Pfeiffer）、演員妮可・基嫚（Nicole Kidman）、脫口秀節目主持人大衛・賴特曼（David Letterman）、歌手鮑伯・狄倫（Bob Dylan）。想知道更多這些知名人人物的迷人生活軼事，我建議去看看芮妮的網站。

我相信，害羞在現今是一種被埋沒、但從演化上來說很先進的特質，有利於培養出對他人的高度慈悲心，而且對這個世界也有幫助。如果你很羞怯，我希望你理解、並記住這一點。在我們生活的這個世界裡，某些最美好的人類特質不受青睞，並不是我們的錯。畢竟，擁有這種特質的員工、或政治人物的追隨者，不太會展開激烈競爭到無視對方、不管對手死活的地步，而這是企業或政客不樂見的。話說回來，無論你是誰，不管你身在何方，長期下來（甚至在短期間也一樣），高壓競爭並不是最有利的生存策略。而且，目前已經有大量的研究證明了這一點。

你是「預防型」，還是「促進型」的人？

如果透過慈悲的角度，來看人的行為策略，像是人會在意評價以及有社交警覺性等等，就顯得很正常。這就是把重點放

在「預防」（害羞策略）。相對之下，另一種是聚焦於「促進」（外向策略）。只要別不知變通，也不要走極端，兩種策略都同樣有用、適切。鑽研人格議題的知名研究學者沃爾特‧米歇爾（Walter Mischel）說，預防型的人想要確認自己不會做錯，他們不喜歡犯錯。想像一下你要做腦部手術。當你知道執刀的神經外科醫生具備這樣的特質，你難道不會很高興嗎？具備這種性格的人，對於可能發生壞事的線索很敏感，因此他們會小心謹慎，自然不做可能會導致負面結果的事。[18]

促進型的外向者一般來說比較衝，通常把重點放在找樂子，但也可能專注於達成目標，而且非常認真做事，充滿企圖心。他們只把重點放在自己能達成、或能推動的重要大事上，不會去想要防患未然。他們對於和未來獎勵有關的線索很敏感。想像一下，你剛剛過完充滿壓力的一週，只想放空大腦，你想要跟哪種朋友出去狂歡？

當然，多數人都是兩套策略混用。畢竟，沒有哪一種策略能適用所有情境！

找出你的害羞優勢

你認為自己的害羞,有哪些優勢?

_____

想一想,最近你在什麼時候／情況,展現出害羞的
優勢?

_____

小心,這種崇尚競爭的環境有毒!

西方社會很看重競爭,稱許看來強硬、無畏、果斷又自信
的行為。我們很容易就忽略比較羞怯、不用前述態度展現自我
的人,但後者其實也有非常寶貴且重要的特質。舉例來說,說
自己害羞的人喜歡和人合作,在與他人配合愈來愈重要的全球
經濟體下,這是一大加分項。害羞的人也可以獨立工作,多半
都是好學生,通常謹慎且認真勤懇。到了研究所階段,害羞的
人會占到相當的比例。而害羞者也能在科技或資訊導向類型的
工作大放異彩。因為在這些領域,思考能力與謹慎是很重要的
特質。

傑若米・凱根(Jerome Kagan)是研究害羞特質的生物學
基礎的一流學者。他說,他會找害羞的研究生幫他做研究,因

為他信任他們，會把需要關注細節與謹慎省思才找得出結果意涵的專案，交給他們。他們對於別人的感受很敏感，通常會先考慮別人的需要，也有動機避免憤怒和社交羞辱，而且樂於感受到和他人有連結。在講求合作的環境下，這股合群的動機，能讓他們更好地發揮協商能力，達成更深入的理解。[19]

在這個競爭、注重物質主義的社會，明星光環通常會放在過度理想化、主導性強、目空一切且無畏無懼的領袖型男性形象上。女性會無助地拿電腦修出來的紙片人模特兒自比，認為自己天差地遠，覺得低人一等而心情低落。同樣的，羞怯的男性也會拿自己和媒體上的強勢、積極外向男性形象自比，把那些人當成標竿，覺得自己比較差，這又會更讓他們覺得焦慮、被批判。

這種霸氣、過度自信與充滿侵略性的男人形象，在媒體與網路上比比皆是。研究顯示，孩子很早就開始去學習並模仿自己看到的東西。當一個人要顯示自己的霸氣，通常就會製造霸凌，不去考慮對他人會造成什麼影響。《美國醫學會期刊》（*The Journal of the American Medical Association*）裡有一篇報導，指出在 12 到 18 歲的青年中，有近 30% 說自己偶爾或經常涉入霸凌行為，可能是霸凌者或被霸凌，也可能兩者皆有。這篇報導隨附十一頁參考資料，列出過去八年來談霸凌的學術文獻。在英國，高達 75% 的人說在人生中曾經被霸凌。職場霸凌在英美都很常見。[20] 兒童和成人都在學習發展果斷與外向特質，

但一旦過了頭，很可能會對比較敏感且羞怯的兒童與成人，造成不成比例的嚴重影響。競爭太過激烈的社會，會影響我們對待彼此的態度，回過頭來，又會影響我們在人際關係中是否覺得安心自在，以及我們多能肯定並接納自身的人格特質。

這類環境（包括媒體環境）有害我們的信心並加深社交焦慮，但我們也看得出來，出現這種環境並不是因為我們做錯了什麼。這些都是外部因素，以目前的社會架構和文化來說尤其如此。六十年前，害羞被視為很普通的人格特質，不會被強加任何刻板印象。實際上，這是一種受人看重的氣質。就因為這樣，在高度競爭的西方社會裡，我們可能要刻意多付出一些心力，才能做到用慈悲的焦點和立場，對待自己與他人。敏感、盡責與先考慮別人的需求，剛好和「以我為先」以及自戀的行事風格形成對比。然而，前面幾種特質是很重要的黏著劑，讓人們在情緒面能緊密相連、社會運作順暢且感到幸福快樂。現在組織研究文獻裡已經有很多證據，指出合作、配合的工作群體不僅幸福程度較高，也更有生產力。

外向的人，也會害羞嗎？

提到害羞，大家常常會聯想到內向，但兩者並不相同。內向指的是喜歡獨處勝過社交，但並不害怕人際交流。外向的人則更愛社交勝過獨處。雖然大部分害羞的人也具備內向的特

質，但也有很多私底下很靦腆、表面上很外向的害羞型外向人。害羞型外向人能在井然有序、可以預測的情境下社交，但他們可能仍會感到焦慮，相信一旦別人認識真正的自己之後，就不會接納這樣的自己。羞怯的外向人可能會覺得很難和別人親近，因為他們不敢展現脆弱的一面、很擔心會露出其他人認為「不好」的特質。[21] 但其實，每一個人都會有這類特質與行為。通常，人們愈是了解彼此，愈是能和對方講起自己真正所想所感，包括分享自己的弱點和缺點。想像一下，如果你有個摯友或伴侶，但你和對方在一起時，從不覺得可以安心地表現出自身的恐懼、悲傷、不確定的感受，或者還要擔心行事舉止是否合宜，那會怎樣？

在必須共同做決定、自己無法掌控局面，或社會期待模糊不清的情況下，會讓害羞的外向人很辛苦。比方說，即使完全能夠勝任工作，擔任領導者角色也可能給他們帶來痛苦。他們可能會擔心別人會妒忌或與他們競爭，貶低他們或讓他們成為邊緣人。在人們會隨意輪流發言，而且講的是輕鬆的話題、甚至有點不著邊際時，害羞的外向人很可能會覺得忸怩，很難自然融入。因此，就算他們有能力講出笑話或自嘲，也會避免去做這些事。

讓害羞變成問題的元凶

　　心思細密的小孩自律神經系統天生比較活躍，膽大的孩子神經則比較大條（在連續光譜上，這兩個極端各約占 15％到 20％），前者會比較小心翼翼，在社交場合裡要多花點時間才能覺得有信心。嬰兒時期，他們會對嘈雜的聲音和新奇的事物反應比較大。心理學家說，這樣的小孩有時候會出現行為抑制（behaviourally inhibited）的傾向，他們可能和我們之前講到的「停一下，先觀察」面向有關。這些小孩也比較可能成為親戚口中怕生的孩子。[22]

　　如果這些羞怯的孩子覺得被愛，在安穩的環境下長大，有很多機會和其他人相處，也有明確的指引要求孩子社會化，那麼，他們就會變得比較大膽，也不會逃避。他們的焦慮性格會穩定下來，也有能力應付適度的害羞與焦慮。然而，如果是焦慮的父母生養的焦慮孩子，問題就會雪上加霜。要是父母想辦法不要讓孩子感受到焦慮或羞怯，就會鼓舞逃避。「我知道要去莎莉的派對讓你覺得很焦慮，你不一定要去。你可以留在家裡陪我。」很多針對害羞孩子所做的治療都涉及到和父母合作，讓孩子學著如何面對自己的感覺，不要一味地逃避情緒以及觸發感受的情境。如果父母保護過頭、控制欲太強，沒有讓自家的羞怯小孩去參加該有的適齡社交活動（例如和其他小孩社交與參與學校活動），反而是害了怕生的孩子，他們會愈來

愈羞怯，終究變成問題。

害羞的孩子多半有同情心、善感，因此，如果因為死亡或離婚而要面對某些失去，羞怯的孩子可能會在許多方面都很辛苦，而且嚴重程度通常超過其他孩子。[23]他們會敏銳察覺到他人的感受，因此，除了自己的痛苦悲傷之外，他們也會承受父母的痛苦、憤怒和難過（這對他們來說格外難以承受）。他們也比較喜歡穩定，因此，如果家裡經常遷徙，就會造成很大的挑戰，因為孩子要一再、一再地去結交新朋友。我就聽過非常羞怯的案主細數讓人揪心的寂寞故事，講述他們遭遇的失去和頻繁的遷徙。但也有些案主講到，不管怎樣艱難，他們還是學著出去交朋友，通常都是一次認識一個人，而且他們多半會在再度搬遷之後仍維持友誼。

早期的依附經驗很重要。研究人員說，不可能預測哪一個嬰兒長大後會變成害羞的成人。也就是說，基因並非決定害羞與否的唯一因素。此外，即便是天性大膽、不敏感的孩子，如果在艱苦或創傷環境（比方說家庭很混亂，或承受身體或言語上的暴力）下成長，也會變得非常羞怯。

雖然焦慮的父母很可能（出於愛的理由）過度保護小孩，阻礙他們學著去面對自己的感受，但害羞的小孩也可能遭遇完全相反的問題：無人保護或面對太多威脅。若父母、手足或老師很嚴厲、很挑剔，或者不認同小孩的本性，或學校裡容許霸凌，或者父母用羞辱的方式來鞭策小孩，會對羞怯的小孩造成

反效果（事實上，對所有的小孩都一樣）。但對於不太可能捍衛自己、或無能尋求協助的害羞小孩來說，打擊特別嚴重。

被批評、遭霸凌、受虐待、被忽視或排斥的羞怯小孩，會轉而批評自己，試著追求完美，以免遭到別人的批評或苛刻對待。他們可能會為了不是他們所造成的事件或情況而自責，自尊心低落，羞恥感高漲。一項研究指出了這個現象。研究人員請一群學生（其中有些有社交焦慮，有些則否）與講者對話，在此同時會錄影。講者接獲指示要打破對話規則（但學生不知道），比如插嘴、改變話題，甚至表現得十分粗魯。之後會放影片給學生看，並問他們對於講者打斷對話有何感想，社交焦慮的學生把對話中發生的問題歸咎在自己身上，說講者會有這些反應是因為他們讓他感到很無聊。沒有社交焦慮問題的學生則譴責講者。

我自己的研究則指出，憂心忡忡又靦腆的大學生，在經歷過他們覺得不順利的社交互動之後會自責，而且覺得很羞愧。要是當事人能敏感體察到內心的想法和感受，會讓這種傾向更強烈。這也很有道理，因為如果很能覺察自我，就會知道自己有什麼感覺。「覺察」通常是一項優點，這是因為在情緒平靜的狀態下，能自我覺察的人通常也能感受到對方的反應。然而，如果身在負面的情緒狀態，很能體察感受，恐怕會讓當事人感覺受到威脅。如果我們認為對方在批判自己，很可能就不會注意到，**他們**或許也覺得害羞、忸怩或彆扭。

我們分別研究過三群羞怯的高中生，會自責的那一群比較可能會出現社交焦慮，並避免社交互動。那些青少年的心智能力都高於平均，也在學業與社交機會上享有明顯優勢。然而，**很明顯的是**，人的焦慮程度較低與壓力較小的話，會讓他們比較有意願再度嘗試交流。比方說，去接近別人、開始對話或問別人問題。[24]

任何人都可能很害羞、或社交焦慮嚴重到變成問題。當我們把太多責任攬在自己身上，自認要替結果很糟糕、或不那麼好的社交互動負責時，尤其如此。話雖如此，一旦人們相信自己有能力再試一次，壓力往往會減輕。「再試一次」是社交適能訓練的重要組成部分。就跟運動家精神一樣，對職業網球選手來說，沒有完美的發球與反拍動作；棒球員被三振出局的次數會超過安打的次數。另一個減壓的方法，是去安撫自己、支持自己。我們可以學著成為自己的好家長、明師。之後幾章會再來談這一點。

情境練習　開始理解你的害羞

你自認是害羞的內向人還是外向人？你怎麼看這兩種類型的優勢與弱點？

童年的哪些正面及／或負面經驗，減輕或是加深了你的羞怯問題？

你有沒有在社交場合中「再試一次」的範例？

愈害羞，愈痛苦？你陷入害羞的惡性循環了嗎？

我們看到了害羞和很多正面特質有關，它使我們有社交敏銳度、小心且謹慎，同時也體貼又周到。然而，不管是哪一種正面特質，只要太過頭了，都會變成問題。我們有可能太容易就害羞、怕生的太嚴重且持續太久，或是太常羞怯。害羞可能漸漸掌控我們的人生。比方說，就因為會羞怯，我們不敢去做真心想做的事。原本的敏感、謹慎特質，反而造成反效果。或是，因過度擔心被批評或被拒絕，無法好好過生活，整個人變得傷感又寂寞。

然而，愈是能覺察到自身動機與價值，並且更理解是什麼因素，導致我們逃避社交、無法與人親近，就能把事情看得更深，同時培養主動參與的能力，享受人際互動。而且，我們也可以找出能促進長期改變的特定情境，量身制定具體的社交目標。比方說，約人去看一部描繪我們很重視事物的電影，並在

觀影後討論。人在分享與學習自己在乎的事物時，通常會更全心投入。

在社交適能訓練的團體治療中，我會邀請學員探索三種會交互影響的機制，這往往會形成惡性循環、加深害羞：

- 恐懼／逃離。
- 自責／羞恥。
- 憎恨／怪罪他人。

進入看來具有威脅性的難應付社交場合時，我們一開始會先有負面的想法，例如：「我一定想不出來要講什麼。這會是一場災難。」然而，這些都是可辯證或可挑戰的想法（而且，

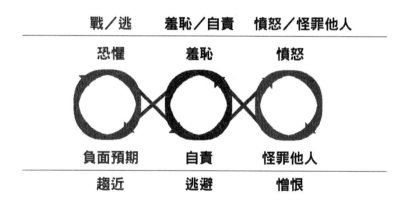

圖 1.1：害羞的三種惡性循環

我們往往能想到要說什麼，不會等到失控，然後當場大吼！）這是第一個惡性循環，稱之為趨近／恐懼／負面預期循環。然而，如果我們一直都很羞怯，通常會因為希望免受人批評，而成為完美主義者。因此，無論我們的行為有多合宜（甚至已經到了典範的程度），也很少對於自己的社交表現感到滿意。

我們可能會提早抽身，離開社交場合，這就引發了第二種惡性循環：逃避／羞恥／自責循環。離開現場後，我們的恐懼就會降低，但隨之湧出羞恥感。由於羞恥感和副交感神經系統有關，所以我們一方面感到羞愧，生理上卻也有放鬆、緩解的感覺。「唉！我很笨拙，我不要做了，我要離開這裡！」但逃離難面對的社交場合，事實上會強化社交焦慮，因為我們下一次更有可能早早躲開麻煩的情境，或者完全逃避。我們在害羞診所把這種反應稱為「回房間吸大拇指」或「舔舐傷口」。[25]而治療師會用黑色幽默探照讓人痛苦的羞恥狀態。畢竟，自責已讓人身心俱疲。雖然我們現在不用「出去社交」了，但可能會很難過，覺得很羞愧，並在生活中出現各種社交暗示和期望時，想著「我不夠好，我一向都不夠好，我永遠都無法做到好」。這些想法當然不會激勵我們站起來、回到社交場合。處於這種狀態時，我們就不是用溫馨善意來對待自己，也並沒有去理解自己。[26]

這把我們帶往第三個惡性循環：憎恨／憤怒／怪罪他人。我們會陷入情緒之中，覺得自己糟透了；我們會自責，反覆想

著所有本來應該做卻沒有做的事、其他的人看來又是多麼優游自在、游刃有餘（這是誇張的說法。我們之前提過，約有五到六成的人都很羞怯）。接著，以下這些想法就出現了：

- 「麥可或艾莉森本來可以過來救我、和我聊天的。他們應該要是我的朋友。我大學時／工作時／小學時就認識他們了。」
- 「別人當然不會特意過來對我表達友善。」
- 「反正他們不在乎我有什麼感受，以後也不會在乎。」

這些想法會在我們心裡激發出憤怒，讓人覺得更有力量，很可能會暫時讓我們覺得不那麼羞愧。但另一方面，事實上我們並不知道別人會有什麼反應，這些想法讓現在的我們覺得很疏離，跟自己和別人都出現了距離感。下一章會再講到，這些自動出現的威脅性想法，是從演化過程中慢慢累積出來的，並不是因為我們做錯了什麼，我們也可以學著去處理這些場面。

我們通常會在這些惡性循環中來來回回，陷入無盡迴圈，每一次都讓自己又更抓狂一點。之前提過，不斷的自責會導致負面的自我認知，形成後就很難改變。好消息是，經過治療之後，會造成問題的害羞、恐懼、自責與羞恥，以及對他人的負面想法，都可以明顯緩和。參加團體治療的學員在治療後問卷中告訴我們，在為期六個月的團體治療當中，他們改變了某些

想法。最常見的是，當他們透過角色扮演，演練特定情境；當他們練習面對批評；當他們在治療課的空檔間，讓自己身在有挑戰性的情境；或者他們就只是花時間持續練習挑戰自己的負面想法、並用比較支持與接納自己的念頭取而代之，想法也就跟著變了。藉由**事前先**做一點努力與練習，之後再去面對現實，學員可以重新評估情況，轉個念認同情境雖然有挑戰性，但也可應付。然而，也有些學員還是很難調節自己的情緒，也難以感受到「為自己打氣」是什麼感覺。我開始明白，很多人想著社交、並與人互動時，只是在學著忍受恐懼、羞恥與憤怒，並沒有把心思放在讓心平靜下來、撫慰自我。這也是本書的重點：在挑戰自我時，也要學著疼愛自己。

我們針對自責和羞恥所做的研究，和之前的歸因風格（attribution style）研究一致。後者講的是人認為誰應該為特定情境，擔負什麼責任。過去的研究人員找到他們稱之為「自我顯揚偏誤」（self-enhancement bias）的證據。根據自我顯揚偏誤，人通常會把失敗的責任歸咎於外部的、特定的、不穩定的與可控制的因素。[27]背後的邏輯如下：如果出了錯，那並不是我的錯，而是我以外的事情出了錯（外部歸因）。就算我真的把事情搞砸、做事出紕漏，也只是這次不小心而已，不太可能會再發生這種事。因此，我不會重蹈覆轍，也可以修正錯誤（情況是可控制的）。

西方的競爭文化要求人在面對失敗仍要繼續保有動力，看

得出來在這樣的環境下，這是很有用的思維。我們需要馬上就整理好重新出發，因為現代文化極其複雜，可想而知失敗經常會發生。但目前的研究與直覺都告訴我們，**太過**自利會讓別人很氣餒。怪罪別人、把責任推給外在因素，有損人際關係。

自我顯揚偏誤在西方文化要比在東方文化普遍，在男性身上也比在女性身上常見。但害羞者在社交場合下的歸因偏誤剛好相反（非社交場合則不一定）：把失敗歸因於內部的、全面的、穩定的與不可控制的因素。

害羞的人會認為，對話、約會或工作會議之所以讓人失望，是因為自己做錯或說錯了什麼，也認為在其他情況下，同樣的事情又會再發生。因為我們又會重複自己做了或沒做的事，而且也無法修正問題或改變自身的行為。我的研究也揭露了羞怯的人有自責的傾向。

如果我們常自責，就很容易用偏見看待自身與自己的行為。若要處理這種問題，我們一開始可以去整理所有、或多數以極負面自我信念為中心的資訊。而去體察內在想法與感受，有助於抑制這些信念。例如，我們總是在心裡冷飯熱炒自己認定的失敗，一想再想；我們不太會接受與處理和這些負面想法不同的資訊，常常覺得就算有任何正面之處，也根本不值一提。另一方面，要培養和維繫自尊，接受到「對自己的正面評價」很重要，但我們可能不見得有聽進去。或者，就算聽到了，也不見得相信。比起社交上不會感到焦慮的人，羞怯的人

會把不好聽的意見想得更嚴重。我們不僅不把讚美與肯定當一回事，連聽到別人的稱讚，都覺得很不自在。

　　身為人類，每個人都很容易受到這類思維的影響，因為那就是人性。如果沒有人經常地給我們真心的肯定和有建設性的回饋，要是我們很難從情緒當中抽離出來，就會非常容易受到負面自我信念影響。回想一下，上一次當你要把某個人介紹給另一個朋友、卻剛剛好忘了此人的姓名時，發生了什麼事。你可能有點緊張。這時，假設你要介紹的人笑著說：「沒關係，我也很不會記名字。嗨，我是珍。」或者「我上個星期在派對上，連我最好的朋友叫什麼名字都忘了。我是珍。」

　　現在，再假設珍面無表情，沒有主動說出她的姓名，也沒有友善的表現。珍很可能也覺得有點緊張了。也許，這個時候有另一個朋友過來救你，微笑著說：「嗨，我是安德魯，請問怎麼稱呼你？」安德魯很可能還伸出手。不管怎麼樣，你懂了我要講的重點：為彼此挺身而出、互相幫忙，是很美好的感受。

　　如果得不到這種幫忙（感謝老天，還好通常都可以），我們就很容易陷入不好的想法，比方說：「老天啊，我簡直像個白痴，他們才剛剛跟我說過自己的姓名。我以後也一定記不住人名！」

　　如果我們大部分時候都很羞怯，這類情況造成的問題恐怕就更嚴重：「我想和這個人做朋友，但他們可能會覺得我很失敗，不想跟我往來了。別人就不會像我這麼神經兮兮。」

要做到往後退一步、想到每個人時不時都會發生這種事，而且大家根本也不太介意，是一大挑戰。如果我們經常用「白痴」或「失敗者」來講自己，代表我們要處理的是非常根深蒂固的負面自我認知。我們之所以想在兒童期或青春期，就找出會造成問題的羞怯，為的就是預防這演變成我們所說的基於羞恥的自我概念（shame-based self-concept），其中就隱含著認為自己不好的想法。

這些和威脅相關的自我認知已經發展得很成熟了，而且很容易就冒出來，想要有所改變，需要花時間和不斷的練習。我們通常都是在遭受威脅時做出一些反應，然後才會去思考自己是什麼樣的人，但這些時候本來就很容易冒出負面自我認知。壞心情會讓我們更容易想起不好的記憶與對自己的負面想法，強化了前述的模式。

我曾是史丹佛大學的訪問學者，去那裡做研究與臨床工作，發現害羞的史丹佛學生比不羞怯的學生，更容易自動覺得**他人**有威脅，包括「別人看到我很不安時，他們會覺得高我一等」、「我覺得不安時，別人不會認同我」或「如果我讓別人靠近我，他們會排斥我、傷害我」。此外，我們用一個指標來衡量不同人在這些想法上的分數，我害羞診所裡的案主的分數又高於羞怯的大學生。這些結果指向，一向很羞怯的人以及社交焦慮者比較難信任別人。因為他們認為別人很刻薄、自以為高人一等。[28]

心理師給害羞者的社交指南

羞怯的人感受到的恐懼和羞恥，很多都是因為他們很在意、而且會去注意自己在別人心裡的樣子（亦即，別人對他們有何想法）。害羞的人很容易覺得自己給人留下的形象不佳、印象不好，他們相信別人會看到他們很焦慮，注意到他們面紅耳赤，覺得他們缺乏自信。就算實際上，他們的表現通常根本沒有什麼不自然之處也一樣。一直都很怕生的人很怕受到正面關注、得到讚揚或成為別人眼中有魅力的人，這並不少見。因為他們覺得這是對他們強加更多要求，也擔心一旦對方更了解自己就會失望。他們還怕，一旦成為中心焦點，別人會看穿他們的缺乏自信和猶豫不決。如果別人注意到表現在生理上的焦慮，像是聲音顫抖或臉紅，羞怯者的感受會更糟，還會惱羞成怒。他們也很羨慕顯然不知害羞為何物的同儕。接下來，我們就要來處理這些面向，打破羞怯的循環。

我們要努力去做的事是：

- 認真地去注意、觀照與體察自身的想法，如何讓我們更焦慮。尤其是我們可能會對其他人所做的假設，及／或自我批判的念頭。
- 學習發展自己的想法，把專注和感受的重點放在「支持自己」。

- 把重點放在目標和行動步驟。
- 固定練習，秉持「接納自我」與「真心想幫助自己面對害羞」的精神。不要因為自己的羞怯，而發怒或感到羞恥。

　　我為何把這套做法稱為社交適能訓練？[29] 每個人天生的氣質各有不同，有些人話多有些話少，有些外向有些保守，有些人總是精力充沛，凡此種種。同樣的，交朋友、過著有意義的人生、尋找伴侶和生兒育女的方法也有百百種。社交適能是一種革命性的比喻，指的是改造自己的行為、想法和情緒，以便幫助自己不管在哪一種環境下都能活下來，而且活得好。面對生存環境時，具備社交適能可以幫助我們因應情感連結上的需求，並且堅定表現自我。社交適能和體適能一樣，都需要「鍛鍊」，最好是每天練習。人不能一個月鍛鍊一次，就擁有好的體適能。同樣的，我們也不能期待一個月鍛鍊一次，就做到社交適能。而且，要成為社交好手，也需要在不同的社交場合中，練習和提升自己的社交能力。就好比網球員和高爾夫球員的體適能都很好，但他們在打球時運用的技巧與布局大不相同。不同的運動需要用到不同的技能對策，社交適能也一樣。社交適能包括認識新的人、和群體以及社群建立聯繫、培養與維繫友誼，以及和伴侶培養出親密關係。

　　在這本書（以及生活中），我們現在不會、未來也不會把

害羞當成需要「治療」的「疾病」，而是人格特質。就跟其他特質一樣，有優點，也有挑戰。若能訓練你的心，在害羞時也可以展現善意與支持，能幫助我們用自己的方法、根據自己的步調，養成這些技能與信心。

情境練習　辨識害羞的想法與感受

在歷經不如你預期順利的社交場合之後，你會對自己說什麼？

如果這些想法中包括自責，你可以改說什麼貼心的話來鼓舞自己？你有沒有注意到感覺不一樣了？

你有沒有注意到自己在怪罪他人？你心裡是怎麼看待別人的？

你要如何轉念，才能看見別人的好，並願意付出更多心力去了解對方？

重點整理

在這一章，我們探索了人如何看待自己的害羞，以及要如何面對它。

- 我們知道害羞有程度上的差異。有些是很常見的害羞，不會構成問題，也有些人極為羞怯，嚴重到會讓人痛苦、身心疲憊。

- 害羞有很多優點，會對人際關係、職場和社會大有助益。確實，歷史上有很多傑出、但很羞怯的領袖，而許多媒體名人也很害羞。

- 害羞問題有三種惡性循環：趨近／恐懼／負面預期循環、逃避／羞恥／自責循環，與憎恨／憤怒／怪罪他人循環。而社交適能訓練方案，可以大幅減緩恐懼、羞恥、自責、憤怒和怪罪他人的情況。

- 用慈悲的態度面對羞怯，非常有益於克服會造成問題的害羞，以及伴隨而來的痛苦情緒。

爬梳經驗、轉念與自我疼惜

經驗形塑了我們。形塑我的經歷是：

_____

我們對自己和他人的負面想法，是可以改變的。我
想要改變的其中一種負面想法是：

_____

慈悲有用。我想好好疼惜自我、對自己慈悲，來降
低我的害羞程度，方法是：

_____

第 2 章

藏在大腦的害羞祕密

我們在第 1 章中學到，人類的基本情感、社會動機、情緒和行為，是演化和生命經驗共同作用的結果。因此，與害羞有關的問題，不是你的錯。

放下自責，好好釋放自己吧

人類的大腦設計成在某些情況之下會感受到焦慮。對有些人來說，這代表他們很容易就覺得很差怯或出現社交焦慮。但是，焦慮感很強並不一定要成為你無能為力的理由，如果這已經阻礙你去做人生中想要做的事，更有必要面對。然而，你的經驗很可能恰恰相反。體認到你的大腦對於會讓你感到差怯的情況很敏感，可以是刺激你有所行動的力量。[1] 當然，這個道理也適用於，每個人都不一樣的身心敏感面向。比方說，如果你是易胖體質，這不是你的錯。但如果要保持健康，你就要學著注意自己的飲食和運動。

這不代表你要把敏感或害羞的秉性變成大膽，你也不用成為「派對上的開心果」。我們都和這種很會炒熱氣氛的人交談過，到頭來發現這種人唯一會的溝通方式，就是講笑話！我要講的重點是，你要覺得自己有能力去做真心想做、而且你很在乎的事。

我和長期感到害羞的人合作多年，他們讓我知道，一旦下定決心要克服會造成問題的害羞，之後面對自己練習過的情

境，他們就不會那麼害羞了。他們會更正面看待自己，更認真投入生活，在社交場合中也更加得心應手。再說一次，我們不可為了焦慮自責，但我們可以負起責任，把大腦與自我裡面好的部分發揮出來。就像第 1 章講過的，**當我們放下自責的那一刻，也是釋放自己、並更從容面對自身的難處和挑戰的時刻。**我害羞診所的案主就算當下在自責，也會展現極大的勇氣。而放下自責本身，便是勇敢之舉。

如果能在放下自責的同時，面對自身難處，可以讓我們在療癒與成長的過程中，感受到更多的自由，並覺得和自己緊密相連，帶來更多力量。

之後，在與別人交流、與面對被評價與等待別人接納的挑戰時，我們可以讓別人知道自己是什麼樣的人、看見自己的好，並讓對方了解我們的能力與特質。而在過程中，我們也能處理好一定程度的焦慮。此外，我們也能與他人協商、交換條件，以獲得對方的關注、支持和資源（有時候當我們感到社交焦慮與不安全時，不會想到，其實別人也是在跟我們交涉）。說到底，除非別人能多了解我們一些，不然他們怎麼會選擇與我們為友或要我們加入群體？等他們真的了解我們，我們就可以善用羞怯的優點，包括傾向合作，以及喜歡互助勝過競爭。

還有，是人都會和別人起衝突，這是生活常態。當我們開始展現自我與自己的價值觀，會發現不是每個人都有同感。你建議玩西洋棋，但有人想玩國際跳棋。你想去電影院看電影，

但有人想要玩電玩遊戲或留在家裡看電視。你想要和朋友一起做數學功課，但他們想去參加派對。在這種情況下，你需要多展示自己，讓別人了解你，或是要提建議，或分享興趣、價值觀，但偶爾也得處理因意見不同，所發生的爭執或衝突，而這往往讓人焦慮。社交焦慮或害羞到會造成問題的人，碰上這些情況會很辛苦，因此他們比較常隱身背後，等待別人選擇自己或邀請自己融入群體。

影響心智的三個系統

當我們害怕到不得了，就會做事保守以求不得罪任何人、選擇風險比較小的選項，或是躊躇不前。當然，在你「觀察適應環境」時，躊躇不前沒問題，這可以是我們在第 1 章討論過的預防型取向（另一種是把重點放在「促進」）。但，如果我們常常含糊其辭、一天到晚猶豫不決，就無法積極擁抱人生、結交朋友或參與活動，生命品質也會一落千丈。還有，我們也會在真正很想投入的時候，選擇漠然。為什麼？有一部分理由是，在某些情況下，不同的情緒處理系統會掌控我們的心智，引導我們的行為。

接下來，要更詳細探索這些情緒調節系統。這會幫助我們了解如何透過善待自己來自助，尤其在情勢發展不盡如人意時。

本書講到現在，我們指出了「焦慮」，和「感受到**威脅**」以及「嘗試**保護自己**」有關。確實，偵測威脅和保護自己，對所有生物來說都很重要。害羞和社交焦慮與感受到威脅有關，因為威脅對人類的存亡來說至關重要。然而，我們不一定永遠都要讓威脅反應系統領頭，而是能透過「安撫系統」來做調節。

　　過去幾年有很多研究，尤其是「腦部如何處理資訊」這個領域的研究成果特別豐富。因此，現在我們知道，至少有三種情緒調節系統會影響人的心智，引導我們的想法和行為。吉伯特在《慈悲之心》一書中，詳細列出這些系統。所以我在這裡只會簡單帶過，幫助你理解為何慈悲和善意，在你因應與處理讓人痛苦的害羞與社交焦慮時那麼重要。這三種系統是：

　　一、威脅保護系統（threat protection）：這套系統幫助我們「偵測、追蹤與因應」看似危險的事物。啟動這套系統時，典型的情緒就是焦慮、憤怒或厭惡。

　　二、啟動與尋求資源系統（activating and resource-seeking）：這套系統會刺激並引導我們的渴望，幫助我們達成目標。這是驅動系統，白話來說就是叫我們「上吧！」人在渴望什麼時，就會感受到動力並預期能從中得到歡愉。如果得到獎賞或者發生什麼好事，我們就會感受到興奮陶醉。但要是這套系統太遲鈍，我們就感受不到動力、能量和活力。

三、安撫系統（soothing）：這和「滿足、平靜、安全與幸福」等正面感受有關。當動物不用應付威脅、感到心滿意足時，就會平靜又放鬆（想一想貓狗睡覺時有多平靜）。如果啟動這套安撫系統，就可以調節另外兩套系統。

這些系統持續互相作用，引發不同的「心理狀態」。你可以從以下的示意圖中，看到三套系統的互動。

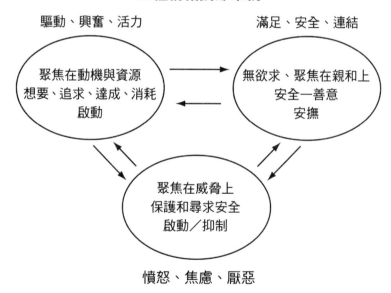

圖 2.1：三大情緒調節系統的交互作用

取自吉伯特的《慈悲之心》。經 Little, Brown Book Group 慷慨允可後重製。

現實中，這三套系統會不斷交互作用，所以把這些視為獨立系統有點不自然，但拿來做說明很好用。我們特別感興趣的是安撫系統。接下來會看到，各式各樣的情境如何刺激威脅保護系統，其中也包括我們對自己的想法。研究顯示，安撫系統可以調節威脅反應。安撫系統和辨識出代表善意、關懷和支持的訊號很有關係。很重要的是，這套系統和依附系統（attachment system）有關。有一個大家都很熟悉的範例，可以說明他人的善意和關懷，如何平息威脅保護系統：如果孩子覺得難過，會去找父母尋求慰藉，像是討抱抱，以大幅降低自己的難受程度。由於安撫系統和其他兩套系統會交互作用，所以不管是哪一種形式的善意，都有療心的效果。另一方面，威脅保護系統對威脅很敏感，會引發憤怒、焦慮等等。安撫系統則是對他人的善意很敏感，有助於穩定你的威脅保護系統。

情境練習

是什麼，觸發了你的威脅系統？

回想一下，最近一次你的威脅系統啟動時的情況：

_____

什麼場合觸發了你的威脅系統？

_____

什麼情境、想法、經驗或記憶，很可能觸發這套系統？

_____

如果以 1 到 10 為標準，那次經驗有多強烈？

_____

通常會觸發哪些代表受到威脅的情緒（比方說憤怒、焦慮）？

_____

被觸發時，你希望用哪種行為應對（對抗、逃走、避開、順服）？

_____

威脅系統運作時，你的新腦（new brain，按：這裡的「新」，指演化時間上的進程。因此新腦指的是皮質，是人類最後演化出來的部分，包含各式各樣的認知功能）能力（如：思考、憂慮、想像）有何變化？你產生了哪些想法？

_____

善意有多重要？想像一下……

無論是他人、還是你給自己的善意，都有助於激發安撫系

統。這很容易證明。想像一下有件事你不太會做，而你有個很能幹的夥伴或老師，對方很善於找出錯誤，但也很吹毛求疵。如果你請此人幫忙，他可能會幫你。但是他們一舉手一投足，以及講出的話，都流露出「這實在是很粗心或愚蠢的錯」。而你很可能會心有疑慮，決定不求助於這個人。就算對方真能幫上忙，你恐怕也會因為要去找他們幫忙，而感到焦慮。

反之，假設父母或老師顯然很高興能幫上你的忙。你覺得他們真的懂你的難處。他們點出你的優點，告訴你要如何將其發揚光大，還有要怎麼樣才能找到潛在的錯誤、並做修正，並鼓勵你進一步探索問題。如果你需要更多協助，他們也會出手幫忙。簡單來說，第二種父母或老師對你很友善。

現在，想像一下有件事讓你很不開心。而有個朋友，他聽你講了一會兒，接著就換話題，講起自己的事。他們不是壞人，但也不算善良。相比之下，另一位朋友凝神傾聽，肯定你的感受，說不定還用雙臂環抱你，表現出真心關心你、在乎你。你在這兩種情境下各有什麼感受？你可能覺得第二位朋友更友善、把重點放在你身上，你說不定也覺得好多了。

這種事明顯之至，我還要挑明講出來，可能會讓你覺得很意外。但事實是，善意確實會影響人的大腦，並影響我們對於自己與他人的感受，更能穩定我們的威脅系統。

你腦中出現的是溫柔的摯友，還是壞脾氣的評論家？

很明顯，他人的善意會刺激人的大腦系統、幫忙調節威脅系統，那麼，對自己的善意呢？事實上，研究顯示，「善待自己」也遵循相同模式、能改變大腦。如果我們感到很失望或犯了錯、因而自我批判並對自己生氣，只會激發威脅系統運作。反之，若我們是友善且樂於提供支持的人，並練習在困境時聚焦在自己的這些部分，也會激發我們的安撫系統。

同樣的，這也不難證明。吉伯特就舉了很實用的範例，幫助你理解。如果你很餓，剛好又看到一頓美食，這會刺激你流口水和分泌胃酸。但，如果此時夜已深，你沒錢而且店家也打烊了，你只能幻想能吃頓好飯有多棒。這時，你心裡的想法和畫面也有異曲同工之妙，能刺激你分泌胃酸和唾液。如果你在電視節目中看到色情內容，可能會刺激你的腦下腺激素，這些荷爾蒙湧入體內會引起你的性慾。當然，同樣的，我們也知道自己的幻想有異曲同工之妙。幻想可以刺激特定的大腦迴路，用非常特定的方式刺激你的身體。

理解我們可以影響心智的哪些部分（我們會思考與一再琢磨量哪些事、會有哪些幻想、哪些心智狀態會刺激大腦），就會更有動機理解自己的情緒，並溫柔地協助自己去調節情緒。

套用相同原則，想一想如果別人對你不友善、很苛刻，那

你的大腦會怎樣。這會刺激你的威脅系統，引發焦慮和憤怒。我們也確定，如果你對自己不友善，也會有這種結果。你可以想想別人對你不客氣、或者你對自己百般挑剔、萬般刁難時的情況。

最近的研究指出，挑剔自己會刺激和偵查錯誤與抑制行為有關的大腦區塊。你的想法和你對待自己的態度，對這三套系統間的平衡有直接影響。

這樣，你就看出善待自己與自我疼惜的能力很重要了。當你學著轉換到友善的想像、想法與感受，就會刺激可以幫助你的腦部區塊，而不會啟動焦慮。這就好比在你的腦子裡創造了一位摯友，而不是壞脾氣的評論家。

害羞時，大腦發生了什麼事？

不同的人有不同的情緒系統模式與平衡。當我們產生社交焦慮，系統間的平衡就會出現變化，威脅系統開始活躍。我們會覺得害怕又焦慮。一旦我們被孤立，就會很難過，這又進一步擾動平衡。於是，我們出現更多受威脅的感受：焦慮、生氣、憤恨又易怒、羞恥、被動、失去動力與精力、絕望，而滿足感、平靜和連結感隨之減弱。

現在，請畫一張你的三系統示意圖，每一種系統用圈圈大小示意你感受到的威脅、動力以及安全感，還有它們如何影響

你的日常生活。

你如何用這張圖反映出你最近的經歷？

_____

你有注意到，三套系統之間有任何交互作用嗎？

_____

你從這項練習學到了什麼，是你想要記住的？

_____

　　當我們理解大腦裡發生了什麼事，就可以學著退一步，重新調整以回復平衡。而用慈悲的態度重新平衡腦部的各種系統，跟社交適能很像，都是心理的物理治療法。我們可以學著把慈悲心落實在生活中，重新平衡大腦各種系統，也可以尋求別人的協助。我們可以從行為、想法和感受下手。運動、控制飲食和冥想也有用，但這些並非本書的焦點。我們在之後各章會討論與演練的練習，就是為了與健康的生活方式，相輔相成。

　　威脅系統雖然是因應演化的結果，但會失控，給我們造成麻煩，甚至引發心理問題。如果腦袋太容易就拉警報或者情緒太過強烈，就很難讓各個系統保持平衡。人類過去會出現情緒失衡、恐懼與焦慮的大腦，很可能會和現代新的、理性的、告訴我們派對或約會實際上並不可怕的大腦互相衝突。雖然練習

愈多，我們的感覺會愈好，但大腦的舊模式仍會堅持實際情況很危險。我們可能會忘記這就是大腦的舊模式，於是試著壓抑或控制自己的想法與感受，或是用自責來推開自己。一旦因為出現社交焦慮，而感到羞恥與脆弱，我們會試著控制與對抗這些感覺，而不是努力去接納、理解感受，也不會安撫自己，然後處理這些感受。

當我們已經覺得很羞怯了，卻得要去參加一場除了主人之外誰都不認識的派對，就會自動啟動威脅系統，社交焦慮程度一下子跟著破表。就算理智上我們知道，自己有能力上前找人攀談，也無濟於事。雖然我們也知道，等著嚴厲批判自己的人少之又少，但焦慮感仍揮之不去。接下來，我們會發現，幾乎是在身不由己之下，雙腿就帶著我們走到了女主人身旁，幫忙她分送食物，這樣就不用跟誰聊天了。或者，我們躲進了自助取餐檯後面的某個地方，不太會有人跑過來這裡跟我們講話。萬一真的有人來了，我們可能會轉個頭，巴望著眼前的烤牛肉料理，好像它有什麼魔力似的。我們也許會冒汗，覺得緊張不安，心跳加快。威脅系統啟動的速度很快，我們什麼都來不及想，只會湧出和威脅有關的想法，比方說「我看起來好傻。」我們也會試著不要去做任何會讓人尷尬的事，想辦法隱身在牆角。

想像你在派對上，焦慮不已……

把注意力放在此刻的情緒和動機上，請自問：我現在感受到多大的威脅？我是否覺得憤怒、恐懼、焦慮、不安或厭惡？接下來問問自己，你感受到多大的驅動力：我有沒有感受到渴望、興奮，或想要追求什麼目標？接下來再問問看自己覺得有多安全：我有沒有感到平靜、鎮定、安全和與人連結？

請使用以下寇爾茲（Kolts）等人發展出的評分標準，來替這些感受打分數。

我現在感受到多大的威脅？

1	2	3	4	5	6	7	8	9	10

完全沒有　　　　　　　　中度　　　　　　　　非常明顯

我現在感受到多大的驅動力？

1	2	3	4	5	6	7	8	9	10

完全沒有　　　　　　　　中度　　　　　　　　非常強烈

我現在感受到多安全、滿足與輕鬆？

1	2	3	4	5	6	7	8	9	10

完全沒有　　　　　　　　中度　　　　　　　　非常自在

以下我要舉一個練習範例：奧黛莉快 30 歲了，她自中學以來就一直很害羞，逃避社交。她之後要去參加聯誼、和別人聊天，因此現在正在努力練習。她過去曾在某個社交場合中順利和幾個人簡短交談，並計畫要和他人多聊一點，多跟別人說說她這個人、她的興趣以及她喜歡做的事，比方說騎單車和上瑜伽。但等到該出門參加社交活動時，她卻有了別的念頭：如果我想不到該說什麼，怎麼辦？萬一我一直沉默，什麼都不說怎麼辦？我會看來很蠢，覺得尷尬死了。

奧黛莉腦中無限循環的小劇場

新腦	新腦	新腦
「如果我想不到該說什麼，一臉蠢樣，那怎麼辦？」	「別人會看出我很焦慮。」	「我可能不要出去社交比較好。」

舊哺乳類腦	舊哺乳類腦	舊哺乳類腦
心跳加速，肌肉緊繃，焦慮，悲傷。	恐懼，焦慮。	焦慮。

另一個範例：寶拉是美國人，大學第一年到蘇格蘭就學。她是好學生，常常追求完美主義，並花很多時間苦讀。而她的蘇格蘭室友很好勝，對海外學生有很多惡毒的批評，從來不會邀請她一起去參加社交活動或上酒吧。寶拉和別人相處時變得

很焦慮。雖然她想交朋友，但是她怕對方一副高高在上的樣子，而且態度惡劣。她開始不斷思考自己的社交表現，變得時時刻刻都在社交焦慮。

寶拉腦中無限循環的小劇場

新腦	新腦	新腦
「可能每一個蘇格蘭人都很愛批評、很壞心。」	「我恐怕不要去參加新生派對比較好。」	「如果他們不喜歡我，就代表沒人會喜歡我了。」

舊哺乳類腦	舊哺乳類腦	舊哺乳類腦
心跳加速，肌肉緊繃，焦慮，悲傷。	恐懼，焦慮。	焦慮。

你自己的情況又是如何？比方說，可能是為了工作面試，你認真地想做足準備，研究這家公司以及應徵的職務要做的事和該擔負的責任，想著如何展示個人經歷和優勢能力。你整理出面試官可能會問的問題，搭電梯時也在腦子裡興致昂然地演練你的答案……但突然之間，你的心思完全空白。一瞬間，焦慮湧了上來，你口乾舌燥。你一下子覺得很恐慌，想要取消面試。社交焦慮就是會這樣飛快出現，讓人完全無法招架。（但其實不是這樣，我們之後會討論！）

作業單：看看你腦中無限循環的小劇場

（感謝艾恩斯〔Irons〕和博蒙特〔Beaumont〕兩位慨然允用 2017 年書內相關資訊。）

你可能會發現，思考腦中小劇場反覆上演了什麼戲碼，很有幫助。看看你可不可以根據以下的格式，寫出一個範例。想一想最近一個讓你陷入想法和情緒／行為無限循環的情境，像奧黛莉和寶拉的範例那樣，寫出新腦的能力（會思考、憂心和想像），與舊哺乳類腦的情緒或行為（焦慮、逃避、憤怒、憎恨）之間構成的無限循環小劇場。

新腦的能力	舊哺乳類腦的能力
憂慮，反覆思量，自我批判。	情緒，防禦行為。

你從新、舊哺乳類腦的小劇場當中，得到什麼心得？

_____

你多常會感受到這類無限循環的小劇場？

_____

這些無限循環的小劇場如何影響你的信心、幸福或心情？

_____

「小心駛得萬年船」，但要是太過小心……

　　相對近期才學會覺察自我的新腦，很善於反覆思量、憂心忡忡想著威脅與羞辱，而且極具創意，能想像出各種可怕、災難性的後果。的確，威脅系統就是這樣運作的：永遠要針對最壞的狀況做打算。這也就是威脅系統天生的用意。畢竟，人們都說，「小心駛得萬年船。」

　　記得有一次要考試，我一直擔心能不能考過。我這輩子沒有昏倒過。我那時候是年輕媽媽，在家裡帶了小孩幾年之後，才又回到學校讀書。當天我走在匹茲堡一座小山丘上，趕往考場。我不知道如果昏倒會怎麼樣，但我一定是想著「要不要昏倒，可不是我能控制的事」。因此，如果我錯過了考試，也不用自責。但我也沒忘了，其中有個漏洞是：我暈過去後會很快恢復清醒，所以還是得趕去考試。這樣想讓我平靜下來，我後來如期去考了試，也順利考過。我沒有昏倒，我學到了我可以在很害怕的同時，把事情做好，這對我幫助很大。但是，我還是要處理我的思維模式。因為如果一直憂心忡忡想著我的表現好不好，我就會分心，無法感受到「學習我真心喜愛且在意的知識、以及把新構想整合到我已經具備的知識當中」，是多麼有趣、享受的事。把重點放在自我疼惜，幫了我大忙。我很容易就忘記，我可以接納忽然湧上來的焦慮，同時繼續享受學習，就算當下焦慮會壓過歡愉也沒關係。我挺身面對不逃避，

挑戰內心威脅性的想法，用支持力道比較強的想法取而代之。例如：「只要我繼續努力，長期下來，我的表現自然會夠好。」或者說，至少會達到夠好的水準。但，那時我沒有想到，我在焦慮時可以特別善待自己。幸運的是，現在我們都可以在出現社交焦慮時，用更善意的態度面對自己。

怕生的你，可能有過這樣的經歷：對於第一次見面，感到很焦慮。或許在你打招呼或握手時，就表現出來了。如果你回想一下，就會感受到社交焦慮來得又快又急，很有可能「碰」的一聲，憑空出現！伴隨焦慮而來的，就是不由自主冒出來的想法，比方說「我一定想不到該說什麼。我會看起來很焦慮。我講起話來會很笨拙。別人會覺得我很蠢。」然而，左思右想自己的表現到底怎麼樣，是在為難自己。幸好，這可以改變。方法是，去挑戰自己不由自主的想法，給自己打氣、支持，聚焦在你對其他人感興趣的地方，並找出雙方共同的興趣。

你可能注意到，當社交互動並不如你預期中順利，之後你變得很悶。請記住，這就是惡性循環中的羞恥／自責那一環。你可能發現自己原來在生某個人的氣，因為對方沒有多讓你開口。研究顯示，這種反芻思考，會讓社交焦慮更惡化，也和悲傷、心情低落有關。本書中的練習，會幫助你在對自己或他人感到很不舒服時，進入到安撫系統裡，緩解痛苦感。舉例來說，佛教就教導我們要用善意去感受他人與自己，在失望或沮喪時特別要這麼做，讓心理更健康。

我們知道，強烈的害羞與社交焦慮是威脅保護反應中的一環。人在焦慮時，就會啟動腦中央形狀像杏仁一樣的杏仁核。如果經常發生這種事，杏仁核就會變得很敏感。敏感的肇因，是因為生活在壓力很大的環境下、天生的傾向、過去未能化解的痛苦及／或創傷，或是其他理由。

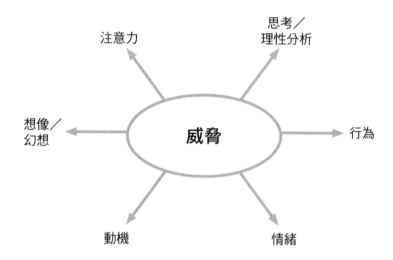

圖 2.2：威脅保護系統如何「動員」心智

情境練習 **你如何回應壓力與威脅？**

　　想想你的威脅系統，是如何運作的。你可以用以下的問題，來幫助自己思考。

　　你的威脅系統多常被觸發？

_____

　　觸發系統的常是哪些事（或者哪些情境、經驗、想法或記憶）？

_____

　　系統啟動後，你覺得它作用的強度有多大（1是很弱，10是很強）？

_____

　　在威脅系統啟動的情況下，通常會萌生哪些情緒（如焦慮、恐懼或憤怒）？

_____

　　當這個系統被觸發時，你想做出哪些威脅／防衛的行為？

_____

　　威脅系統運作時，你的新腦能力（思考、擔心、反覆思量、想像），有何變化？你產生了哪些想法？

_____

重點是，不管你有任何反應，都源自於演化的適應機制。但另一方面，「比較新」的大腦也會跟風向，誇大危險。若能體認到這些，就可以探索如何減敏感，學習善待、疼惜自己，讓威脅系統和其他系統取得平衡。

即使焦慮，還是可以採取行動

人的大腦設計成在很多情境下，由威脅系統主導一切，並封閉所有正面感受。舉例來說，假設你在樹下享受野餐，或者和伴侶共度美好時光，忽然之間你聽到雷聲，大雨落下，你看到不遠處出現閃電。你很可能就轉換到焦慮模式，對於美食或談情說愛頓失興趣。你必須處理威脅，因此你必須按捺興趣與正面情緒。當然，如果在那個狀況下，會感受到正面情緒（例如，或許可以和新對象約會），但也面臨著風險／威脅（比方說，遭到拒絕），有時候我們會無所適從。但我們或許可以學著掌控焦慮情緒、並去冒風險，邀請對方出來約個會，享受開心的活動。但是，如果是偏向焦慮型的人，就不會撥出電話，這樣一來，也無從得知約會結果了。現實中，有些人還會因為風險提高，而感到歡愉／興奮，像是跳傘玩家！當然，有句老話是這麼說的：「如果你第一次嘗試總以失敗收場，那可能不適合去跳傘。」

重點是，正面、負面情緒總是不斷地平衡調整。而我們可

自行決定，要根據哪一個部分採取行動。當我們羞怯到不行，或社交焦慮嚴重到不得了，就會和正面的感受與渴望（這些是正向情緒系統）脫鉤。我們會忘了與人交流的快樂、不同的人是多麼有意思，因為注意力都放在別人會對我們有負面評價，或不願接納我們。我不會說這沒什麼大不了。畢竟，若別人不接納自己，可是會讓人非常難過的事。被排擠的痛苦跟受到生理威脅一樣，對幸福感的傷害很大。事實上，遭排擠時，會出現和身體疼痛類似的大腦反應。[2] 感受到社交焦慮時，常會過度聚焦在社交威脅上，而且變得極為敏感，忘了自身的正面特質與過去和別人交流時的愉快。我們也忘記了喜歡別人、享受和別人在一起，以及把自己的感受傳達給對方，通常能讓別人理解我們，也從而喜歡我們。而人只會喜歡自己理解的東西。

你可能注意到，當別人喜歡你並告訴你他們喜歡你，你就比較容易投桃報李。畢竟，他們在看到你身上美好的特質時，也明白表達了肯定。而且，這些人也很可能是個性很好、很明智而且具有鑑別力。所以說，明白表達出你喜歡對方，並且想一想你認為對方有哪些部分很有意思、討喜，會很有幫助。用這種方式與人交流，你也可以找到兩方之間的共通點。把焦點放在別人身上，會讓你不再反覆亂想與擔憂。如果我們繼續冒著風險參加派對、認識新的朋友、接受工作面試，長期下來，通常也會變得更自在。反之，**逃避**會讓我們下一次遇到社交場合時，更加焦慮。所以，學著接納自身的焦慮，用友善與支持

的態度面對，把焦慮當成演化自然而然的產物，並盡己所能去做真心想做的事，會很有用。

問問自己，我想成為什麼樣的人？

「如果我不是這麼焦慮的話，我會**想要**做什麼？」永遠都是值得一問的問題。有時候，我們嚴重社交焦慮的時間太久了，久到都已經忘了自己想要做什麼事、想要成為怎麼樣的人。學著去想像、幻想如果你更有能力面對社交焦慮的話，人生會變成什麼樣，是很重要的第一步。說起來，處理焦慮一開始可說是既困難又辛苦，如果沒有特別的理由，又為何要去做？但正如心理學家史蒂芬·海斯（Steven Hayes）在他關於接納與承諾治療（acceptance and commitment therapy）的研究中指出，思考**為何**要實踐合乎自己價值觀的行為，並傾力改變自己，是很重要的事。[3] 在害羞診所裡，案主和治療師在團體治療時都會先自問：「我想成為什麼樣的人？我要過什麼樣的人生？」這表示，當我們和能帶來歡愉的人相處，要用溫暖和關心去對待他們，這又會幫助我們成為自己想要的樣子。

當害羞演變成問題，讓人無法去做人生想要做的事，理解當中的運作，可以幫助我們克服問題。焦慮是威脅系統的一部分，會讓人感受不到另外兩種對我們的福祉和官能運作都很重要的正面感受。一種是興奮，興奮和我們去追逐所愛有關。這

會讓我們振奮無比，充滿活力。例如，我們運動，或努力爭取想要的工作，會感受到興奮。興奮是驅動系統的一部分。第三種是安撫系統，這套系統能促進冷靜與滿足、和平與安全的感受。我們先從驅動系統說起，並舉例說明。

瑪莎是學校老師，她受到啟發，想讓學生理解，城市保有公園和公共休閒空間很重要，對低收入家庭的孩子影響甚大。她創辦了一個非營利組織幫助她做研究，並籌募資金在低收入地區經營公共空間。她在各高中演說，講起她如何學習與落實理念。她很愛暢談自己的經驗，也接受當地節目的訪談，在節目上分享她對於這項工作逐漸動起來，有多興奮、多享受。

情境
練習　**驅動系統運作時，你有何感受和反應？**

基於我們現在正在談驅動系統和瑪莎的例子，也請你談一談，驅動系統運作時，你有什麼感受，還有它帶來了什麼影響？你可以利用以下的問題作為引導。

想一想，最近一次你的驅動系統啟動時的情形：

_____

哪種場合觸發你的驅動系統？

_____

什麼樣的情境、想法、經驗或記憶,可能觸發你的驅動系統?

以 1 到 10 來評分,那次經驗有多強烈?

被觸動的通常是哪一種驅動情緒(比方說興奮、愉悅)?

系統運作時,你想要做什麼事(像是去追求什麼目標、想達成什麼事,或者去慶祝)?

驅動系統運作時,你的新腦能力(思考、反覆思量、幻想、想像)有何變化?你產生了哪些想法?

　　這裡要先提一件需要特別注意的事:研究指出,有時候當人覺得不安全時,會花很多時間彰顯自己的成就、對他人示好或幫助他人,藉此讓別人留下深刻印象。這是因為他們在內心感受不到安全與價值,才會一直想辦法贏得別人的喜愛與欽佩。可惜的是,這麼做只能暫時有用。而且當事人會筋疲力竭、鬱鬱不樂。這些人往往對自己沒有基本的善意,對自己吹

毛求疵，認定自己不夠好，必須透過別人來證明自己。這些人當中有一些（不是全部）過去在和別人相處時有過羞怯、社交焦慮或是負面經驗，這讓他們覺得很不舒服、不被接納。這些人很努力要讓別人刮目相看，藉此贏得地位和避免被拒絕。接受治療時，他們通常要先學著對自己培養出善意並接納自己。

如果驅動系統啟動了、但之後耗竭，它就會變得更微弱。話說回來，若理解這是一套可能耗竭的大腦系統，就可以想辦法重新啟動。要是我們一直在批評自己，因為把自己逼得很緊而疲憊不堪，想著別人才不會這樣，會讓事情雪上加霜。畢竟，自我批判無助於激發熱情與重新提振活力。

要重新提振已經耗竭的驅動系統，休息當然是一個辦法。另一個辦法，是去做正向的事來刺激系統，比方說散步或游泳（運動總是有用）、去逛逛美術館、看場電影或戲劇表演。

我們也可以把重點放在日常生活中自己喜愛的小事物上。例如，清晨在窗邊看著早起的鳥兒，飲下第一杯咖啡；感受上班路上咖啡店或點心鋪的香氣，與熙來攘往的聲音；花個幾分鐘，欣賞某個人家前院的青綠草地或盛開的花朵；品味歷經寒冬之後的溫暖春日；聽聽雨聲，靜心感受下雨的氛圍；想念朋友；對喜歡的人呵癢時湧出的感覺。這些事都能撫慰我們，我們可以學著在很難過時，重新把注意力放在這些事情上，就算只有一下子也好。之後，我們會談到如何設計一套可促進安撫系統運作的方案。

人在伴侶身上尋找的最重要特質，居然是……

之前提過、也如同三種情緒調節系統的互動示意圖所示，大腦會分工，並有掌管滿足感、休息的領域。這是安撫系統，和驅動系統以及威脅系統不同。當動物處境並不危險，或者不需要覓食的時候，牠們可以休息。當人並未感到驅動力，也不覺得受威脅，就只是單純身在當下，我們會覺得很平靜，心滿意足。花 1、2 分鐘回想一下，你心平氣和、無比知足的時候。當時，發生了什麼事？花點時間，如實體會你那時的感受、至今還忘不了的感覺，以及這和「興奮感」又有何不同。話說回來，有冥想習慣的人（後文會討論到冥想），會發現自己變得更加平靜和冷靜。

由於演化過程中，會把常用的特徵保留下來、再運用，並改造既存的系統，這也是為什麼安撫系統與情感和關懷密不可分。舉例來說，身為哺乳類的人類會照顧小嬰兒，替他們把屎把尿、餵飽並保護他們。嬰兒生存下來，並且把關懷照顧的基因傳下去。保護與照顧後代，千年來導引了新腦的設計。不管是鳥類還是家犬，牠們會照顧新孵出來的雛鳥，或剛剛誕下的小獸，用鼻頭挨著小生命，照料、疼愛寶寶。你會看到，寶寶受到這種悉心照料時，顯得安靜又平和。用善意撫慰苦惱的能力，是演化留下來的產物。你會注意到，不管是你自己還是別人，都會在配偶、醫療照護從業人員、朋友、老師與心理治療

師身上尋找善意。大衛・巴斯（David Buss）是一位研究世界各地人們的心理學家，他發現人在伴侶身上尋找的最重要特質是善意，而不是能成功繁衍後代與能掌控資源。[4]

請想一想你自己的經驗，比方說，做簡報或參加派對，讓你感到非常羞怯或焦慮。如果你的夥伴或朋友說：「喔，饒了我吧，這根本沒什麼，你可以的！不要把事情想得這麼難！」或者「我下星期要做的事更困難，你可沒聽到我哼半句！」那你有什麼感覺？

現在，假設你的夥伴或朋友仔細聽你講，對你的感覺感同身受，理解你為何會有這種感覺，還拍了拍你的手臂或肩膀，對你說：「要發表演講也會讓我覺得很可怕。」你又有什麼感覺？你或許會覺得對方讓你鎮定下來，你的身體也出現了不同反應。你很清楚差異是什麼。你只需要去感受內心本來就有的智慧。我們可以體會到，人很容易陷入威脅系統裡的恐懼與憎恨。我們會批評、輕蔑自己，或羞辱、霸凌自己。然而，就像你剛剛體驗到的，我們也可以訓練自己的想法，懷抱善意與理解，感受平靜與受人關懷。

善意與信任相輔相成。我們可以去找信任且懷抱善意的人，藉此來安撫自己。我們也可學著向自己找慰藉，之後我們會來討論這個議題。另一方面，平靜美好的感覺也和催產素有關。近期研究也把這種荷爾蒙和「信任」與「親密感」連結在一起。

自我批判，是殺傷力最強的內耗

　　人類和動物的大腦運作方式很相像，都會運用這三種不同系統。但人類稍有不同：我們會在心裡想像、思考未來並做計畫。這對於努力達成目標、專心應付工作面試，和找到適合的伴侶很有幫助。人類很聰明，演化程度也高，有能力發明電腦與建造大型都市。但人類也能開發出無差別傷害、奪走百萬條性命的精密武器。我們可以和其他人一起做計畫，和伴侶共同設想未來。我們可以在繁忙的道路上開車、編寫樂曲與鋪陳小說情節。我們在特定文化之下，替自己創造身分認同。然而，我們也可能想像非常負面的情境，比方說孤獨一生、永遠找不到伴侶、一輩子找不到好工作。人的大腦可以聚焦在正面或負面的感受與想法上，也可以自行創造它們。

　　想像一個情境：你在職場上感受到社交焦慮，起因可能是有小組成員霸凌或批評你。這時，你體內的壓力荷爾蒙皮質醇濃度飆高，腦部的威脅系統被觸發，你覺得更沮喪了。現在，注意了，因為接下來要講的話很重要。**自我批判的想法也會對我們造成相同的影響，如果內容很羞辱人、很苛刻，殺傷力尤大。**

　　當你動不動就批評自己，就是不斷地在刺激威脅系統。我們會這樣做，是因為過去一直受人批評，到現在已經沒辦法停下來想一想，對方是不是真的在乎我們、別人的批評是否正確

或合理（而且以前也沒去思考）。我們不會停下來想一想，批評我們的人可能自己也有問題，才導致他們動不動就批評別人。如果我們很努力想要達到某個標準、或得出某個結果，但最後事與願違，我們可能會覺得讓自己失望了並批評自己，同時相信其他人也會批判、排斥我們。這樣，我們就刺激了自己的威脅系統，影響了大腦。而愈是頻繁批評自己，腦部這些區域就愈常被刺激。

這讓我想起一位羞怯的案主安，她任職於一家大企業，對即將發生的裁員深感恐懼。這種事本來就會讓人緊張，但她變成驚弓之鳥，監看同事，找尋別人排擠她的蛛絲馬跡。她認為，那代表大家都知道要走人的是她。公司裡有個人特別強勢又愛批評，常對她大小聲，讓問題更嚴重。她評估自己寫程式的能力，老想著自己的各項技能都不完美。她忍不住一遍又一遍地想著，別人會怎麼發現她不夠好。她想起最近那位愛批評的同事，又數落了另一位同事，這讓安覺得他更強勢且更凶惡了。

用善意，給自己溫柔

我們或許很熟悉腦海裡冒出來的自我批判想法，也能微微感受到威脅反應被觸發時，刺激了特定的腦部區塊。那麼，在你碰上麻煩事時，可以幫上忙的安撫鎮靜系統，能發揮什麼作

用？讓我們先來想像有一個人很理解你的處境和感受，此人很友善、溫馨而且真心在乎你。這個人會對你造成什麼影響？請花 1 分鐘體會一下……

現在，假設你要在學校或職場上學新東西。其他人看起來都比你更快「學會了」。老師很冷靜、溫和且溫暖，很注意你的學習狀況與你在哪個地方犯了錯，肯定你的技能，並幫助你以這些技能為基礎，再繼續進步。現在，再假設老師在你學不會的時候生氣，一副你拖累全班進度的樣子，還把焦點放在你做不好的地方。多數人不用花多少時間就知道，我們都比較喜歡第一位老師。

當安在害羞團體治療中分享她的恐懼時，大家都懂她的憂心，也能認同。他們對於她在同一家公司工作將近三十年表達肯定，並指出他們看到她在團體裡表現得認真又勤奮，其他人必然也看得到她在工作上展現出這些特質。然而，因為安的威脅系統警報已經大作，她或許聽到了別人的正面評價，但很快又退回到她的憂慮裡。而每次治療團體的成員聽她分享完後，都會再度肯定他們在她身上看到的優點與能力。他們也說，她的那位男同事聽起來比她「壓力更大」，並猜想這會不會是他對別人大小聲的原因之一。他們也建議她或許可以去一趟人力資源部門，問問看萬一她真的被資遣，經濟上有哪些援助。他們覺得這說不定能稍微撫平她的憂慮。安提到她有很多存款，如果她真的被裁員，她也許會回大學擔任圖書館員。她很愛閱

讀，也在本地的圖書館當志工。當治療團體的成員撐住她，她就開始感受到撫慰，可以去探索其他的可能性。

透過之前的範例能看出，我們或許也可以激發自己的善意與安撫系統。如果在碰到困難時善待自己、支持自己，把重點放自己的優點和成就上，並在我們需要多一點練習時，溫柔慢慢來，就可以刺激腦部回應善意的區塊，安撫自己。隨著這本書繼續講下去，你會學到如何刻意運用慈悲的思維、行為、想像和情緒，安撫自己並重新平衡大腦裡的各個系統。

 安撫系統運作時，你有何感受和反應？

在我們討論過安撫系統和安的範例之後，現在可以來探索，安撫系統運作時，你有什麼感受，還有它帶來了什麼影響？你可以利用以下的問題作為引導。

回想一下，最近一次你的安撫系統啟動時的情形：

_____

什麼場合或是哪些人的行為，觸發了你的安撫系統？

_____

什麼情境、想法、經驗或記憶，很可能觸發這套系統？

_____

> 如果以 1 到 10 為標準，那次經驗有多強烈？
>
> _____
>
> 通常會觸發哪些代表安撫的情緒（比方說冷靜、溫
> 暖、安心）？
>
> _____
>
> 系統運作時，你希望用哪種行為應對（放鬆、接受或
> 給予關懷）？
>
> _____
>
> 安撫系統運作時，你的新腦能力（思考、規畫和想
> 像）有何變化？你產生了哪些想法？
>
> _____

　　當我們對自己極盡吹毛求疵之能事時，要做到自我疼惜反
而會讓人覺得很可怕，記住這一點很重要。有人認為善待自
己、或希望得到他人的善意是示弱或是放縱，當我們開始訓練
自己的心智時，要努力克服這種對愛自己的排斥與恐懼。

　　有愈來愈多證據指出，自我疼惜與善待自己，與人的抗壓
能力與整體幸福感息息相關。克莉絲汀・娜芙（Kristin Neff）
是一位很早就研究自我疼惜的學者，其個人網站 www.self-
compassion.org，提供了許多實用的資訊。網站上有一份衡量
你有多疼惜自己的問卷，也有一些建議讓你知道如何更關懷、

疼愛自己。[5]吉伯特和娜芙兩人都對「自尊」和「自我疼惜」做了區分。自尊心會取決於高成就與好表現，自我疼惜是深深體察到自己受苦了，希望能夠減緩痛苦，就像不忍見別人受苦那樣。吉伯特 2007 年在英國德比（Derby）成立慈悲之心基金會（Compassionate Mind Foundation），以支持慈悲相關的研究。他們的網址是 www.compassionatemind.co.uk。

我們在做害羞相關的研究時，則認為「自尊」和「自我接納」是不一樣的。我們幫助案主做到自我接納。因為自尊往往會隨著一時的成敗而上下起伏。研究顯示，自尊與實際能力**無關**。很多自尊心很高的人不見得很能幹，但會給自己的成就很高的評價。我們都認識非常有自信、自尊心很強，但讓人想不透為什麼會這樣的人。相反的，我在害羞診所也看到很多高成就人士，他們的自尊心卻很低落。有些人對自己有很高的期望，但也傾向於低估自己，而且常常是兩種情況同時發生。害羞團體治療的重點是自我接納，無論我們有沒有任何成就，都有能力在社交上與其他方面接納自己。我們鼓勵大家要把自己當成忠誠摯友來對待。這是因為（且讓我們面對事實吧）從來沒有人能時時刻刻把每一件事做好。

自我疼惜可以延伸成為接納自己，以及把重點放在「我們跟其他同樣也在受苦的人，有相同的人性與相似性」。案主過來參加害羞團體治療時，通常並不會體認到他們的憂慮和自我批判跟其他人的也很像，他們沒有想到別人也會有同樣的想法

和感受。但每個人都是。身為治療師，我們做的第一件事就是分享自身的憂慮與負面想法，讓案主明白「我們都在同一條船上」。

人的大腦顯然設計成會回應善意。善待自己並不是放縱自己。就像社交適能與體適能一樣，我們得拿善意來訓練大腦。我們要賦予大腦能力，讓它用最好的方式運作。

羞怯也沒關係，接納這樣的自己吧

請注意這句話：**全球各地都有人努力想把世界變得更美好，致力於培養人與人之間的信任感**。請換上慈悲的表情與溫柔的微笑，聚焦在這句話上一段時間。

接下來，花幾分鐘專注閱讀以下這句話：**全世界有千百萬人，用殘忍可怕的行為對待彼此**。注意一下你現在的心情有什麼變化。

世界上有很多壞消息，多到現在有網路媒體只把焦點放在全世界的人做的好事上，你可以在網路上找到並登記收取電子報（如果你喜歡的話，也可以投稿），網址為 www.goodnewsnetwork.org。人們會對彼此講述與討論他們在各地看到的好事。加州大學柏克萊分校的心理學教授達契爾·克特納（Dacher Keltner）創立了至善網站（Greater Good Website），在網站上分享人類的善如何演化，以及善在我們的生命中如何

發揮作用，網址為 http://greatergood.berkeley.edu。[6] 網路上有太多壞消息和讓人不快的感受，但也有些地方讓我們可以把注意力放在「大家可以一起做點什麼事」。

我們花點時間，一起來回想：社交焦慮是很自然的情緒，來自於不斷演化的大腦。而會出現社交焦慮，並不是因為我們做錯什麼事。我們可以訓練大腦，在感到害怕或沮喪時，能好好疼惜、支持自己。大腦運作得好，我們也會表現得更好，而且更快樂。就算害怕變成問題時，我們也可以自在接納，不會讓社交焦慮阻礙我們的目標和人際關係。

這本書會細細討論到，當害羞為我們的人生設限時，能如何突破。而一路努力下來，我們也會減少自責，並更懂得自我疼惜。當我們不再那麼自責，就可以把多出來的時間花在擔下更多責任。在接納自身感受的同時，也實踐人生目標。

重點整理

人類的大腦已演化了數百萬年。我們都發現了，人要用不是自己設計的大腦過這一輩子。而那些會影響我們的動機和情緒，也都是在數百萬年前就已經決定好了。

此外，人有兩種心智。情緒導向的心智會自動做出反應，並且快速採取行動。認知導向的心智，有能力做複雜理性的思考。

而我們還有一個有能力思考、反覆思索與幻想的大腦。我

們會體察到自我，介意自己在別人心中的樣子。

為了生存，大腦有三大情緒調節系統，彼此會交互作用，分別是：威脅系統（能偵測並追蹤威脅，同時回應威脅）、驅動系統（與動機和渴望等感受相關）和安撫系統（能讓人感受到滿足感、安全感和幸福感。尤其當我們在關係中感到被關懷和支持時，這套系統能發揮更大的作用）。

當我們批判自己，通常就會啟動威脅系統。而學習善待自我這門藝術，則會啟動安撫系統，這套系統會幫忙重新平衡各情緒系統、並激發出安撫力量。

情境練習 **了解你的威脅、驅動與安撫系統**

你的各個系統有多平衡？

_____

有沒有哪一套系統比其他更常被觸發、或者觸發後反應會更激烈？

_____

有任何系統是你不常感受到的嗎？有沒有任何系統讓你覺得很難以感受？

_____

哪些經驗會影響你的威脅系統？

_____

哪些經驗形塑了你的驅動系統？

_____

哪些經驗形塑了你的安撫系統？

_____

第 **3** 章

慈悲，
害羞者的社交魔法

到目前為止，我們探究了害羞的本質，以及害羞如何成為助力和阻力。現在，要把注意力轉向一件對我們大有助益的事情上：培養與善用慈悲，幫助我們因應讓人痛苦的害羞和社交焦慮。

長久以來，很多性靈方面的傳統都指出，「慈悲」扮演關鍵角色，大大影響了我們能不能和他人建立良好的關係，以及內心的幸福快樂。在兩千五百多年前的印度，佛陀領悟到人心經常很混亂，被各種慾望牽動拉扯，這就是內心深處不快樂的源頭。祂的解決方案是孕育正念，清楚覺察人的心智如何運作，同時培養慈悲心。現代研究顯示，對自己與他人培養出慈悲心，確實會對大腦的運作、情緒以及人際關係的品質產生重大的正面影響。[1]

慈悲的真義

現任達賴喇嘛指出，慈悲是能以開放的心、體貼對待我們和他人的痛苦，並以緩解別人的痛苦為出發點。達賴喇嘛也說，除了敏銳與決心，還需要具備相當的技能，去理解苦難的本質、以及該如何緩解。

本書提到的慈悲心訓練，承傳了佛教的思維與做法，但這套方法也師法和心智有關的科學新思維：心智如何運作及其如何受到不同的機制影響，而這些都和腦部的演化有關。

了解你的焦慮心智

人類心智天生就會呈現、或發展出不同模式，並有各種相應狀態。在每一種狀態下，我們會體驗到注意力、思維、行為和感受的差異。舉例來說，看看以下的示意圖。我們可以拿兩種類型的大腦模式、或者說「心智類型」來比較，一種是**受威脅／焦慮的心智**（或者，根據本書主題，可以說是**社交焦慮心智**）與**慈悲的心智**。

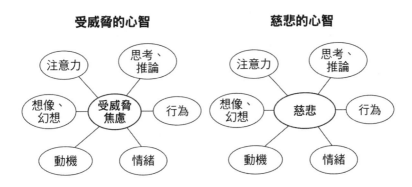

圖 3.1：「受威脅的心智」和「慈悲的心智」

假設現在你很焦慮，你覺得很羞怯，可能是因為你等一下要去參加一場派對、聚會上有你想認識的人，也可能是像第 2 章講的，你要去工作面試。這類事件本來就會觸發我們的威脅系統。因為這套系統的本意，就是讓人快速偵測、避開或因應危險。因此，就算事情還沒發生，我們偵測到威脅的心智也會

保持警覺，而且還可能切換到焦慮模式。且讓我們來看圖3.1，檢視一圈左邊的焦慮模式。

處在焦慮模式裡，我們可能把**注意力**放在別人的行為態度上。面試官會怎樣對待我？他們是友善還是冷酷，是心胸開闊還是嚴肅苛刻？他們在我講到自己的優點時，會挑我的弱點或難處，還是會聽我講並鼓勵我？我們可能會想起過去事情不順利的經驗，因此留有侵入性（intrusive，按：指不由自主突然出現、會引發負面感受的畫面或想法）的意象或念頭。

人們會如何**思考與推論**？我們是在想像自己的表現很棒，把重點放在自己做的簡報很出色、很讓人讚嘆嗎？但很焦慮時，想的比較可能是自己表現不太好，無法讓人留下好印象，別人也許會看出來我們很焦慮。對方恐怕會看不起我們，也有可能會有另一個人的面試表現更出色，最後被錄取（這是我們心裡的想法）。我們的想法、推論和反芻思考，都聚焦在可能出現的**威脅**上。

那我們的身體呢？身體想要做什麼？又逼著我們採取哪些行動（和**行為**）？因為可能會被裁員，所以你想去面試，但有一部分的你寧願不要去面對，想逃避面試。確實，如果羞怯和焦慮讓你飽受折磨，你可能一開始根本不會去應徵工作，或者會一直想著你當初幹麼要申請？當焦慮的心智和身體騷動起來，我們就會充滿強烈的衝動，想逃開或逃避挑戰。

焦慮心智的**情緒**可能很簡單，也可能很複雜。如果唯一能

感覺到的只有社交焦慮，這樣相對單純。但有時候人的情緒可能很混雜，既想和其他人互動，又害怕互動。正向的渴望會和保護性的渴望互相拉扯，後者會逼著我們逃避社交活動與逃離別人。確實，我們愈是想要認識別人、與他人相處，通常也就更加焦慮。我們也知道，有時候，當我們對於自己想做的事感到焦慮時，會因為這股焦慮而對自己生氣，也會因為自己在社交情境下覺得害羞而討厭自己、對自己失望。我們會對焦慮或羞怯生氣，是因為我們覺得這些問題絆住了自己，或者讓我們顯得與別人不一樣。你可以想像（或者親身體驗過），對自己生氣更會刺激與逼迫威脅系統。我們現在要應付兩種威脅引起的心理反應：焦慮**以及**憤怒！我們絕對不會覺得安心、鎮定或平靜。

　　同樣的道理也適用於我們的**動機、基本欲望、渴望與希望**。這裡有兩種動機：一方面想要應付馬上出現的情緒和當下所處情境，另一方面想要達成長期目標與追求更美好的未來。在充滿焦慮的壓力下，我們會馬上想要逃走、逃避；我們受到驅使，要盡快減緩焦慮，並消除任何可能的威脅。但，之後我們會因為自己逃避、錯過機會，而覺得很難過。接著，再一次，我們又陷入譴責與批評自己。

　　最後，也很重要的是，正如你在「受威脅／焦慮的心智」的示意圖所看到的，那些**想像與畫面**，只是我們在心裡創造出來的東西。人在社交焦慮時，心頭會掠過各式各樣充滿了焦慮

的記憶，或可能造成威脅的狀況。我們心裡想像的，或許是自己坐在椅子上面對一排面試官，焦慮的不得了。當面試官用冷淡疏離的眼神、喜怒不形於色地看著我們時，我們覺得有點驚恐、有些彆扭。研究顯示，社交焦慮的人會在心裡想像別人會有哪些不好的觀點，並想像別人對他們的負面看法。社交焦慮者可能會一邊想像著主面試官說，「感謝您前來面試，但我認為您並非我們這個職位需要的人選」，一邊感覺自己不斷下沉，之後不斷糾結在這些話裡，煩惱個不停。我們心裡播放愈多這類畫面，威脅系統就愈是拚命回應。

受威脅／焦慮的心智會影響到心智的不同面向，並形成一種思維或行為模式。而該模式中的某些想法或行為，還可能會互相強化。我們在心裡創造的畫面會影響我們的注意力、思維、感受以及身體的運作。還記得之前講過的範例，想像性感的事物會影響生理。當我們翻來覆去地想，替自己的為難之處找理由，會影響我們的注意力、感受、動機和行為。我們之所以把這稱為焦慮**心智**，是因為這個心智裡很多部分會合作，以達成同一個目的：努力因應認知中的威脅。而心智的不同面向（如思維、情緒、行為等），會相互影響和強化，導致社交焦慮愈來愈嚴重。你的思考會驅動與強化焦慮感，回過頭來，焦慮感又會帶動更多讓人焦慮的想法。

現在請記住：**這些都不是你的錯**。因為演化之故，人類擁有了一顆非常神奇的大腦。還有，你也可能生理上本來就比較

容易出現社交焦慮，和會造成問題的羞怯。造成影響的因素很可能出現在你早年的人生，比方說百般挑剔或嚴酷的老師或家長、師長想要把內向的你調教成活潑外向、遭遇過霸凌導致你對於負面評價極為敏感，以及可能遭到批評就會讓你警鈴大作，或者是你經歷過太多挫折。雖然你對於負面評價這麼敏感且恐懼並不是你的錯，但除了放任威脅系統主導局面之外，你還有別的選項。你有辦法取得更多控制權，把心智帶往**你**想要的方向。

想法轉個彎，焦慮不再是敵人

學會覺察受威脅／焦慮的心智如何運作，並在焦慮心智躁動時「正念以對」，學著體認到「這就是威脅系統的一環」，是很重要的第一步。接著，我們要學習採取行動，啟動不同類型的心智，幫助我們制衡社交焦慮的心智。

你可能猜到我要講什麼了：培養慈悲心，確實可以幫助我們調節社交焦慮且非常害羞的心智。從某些方面來說，人類早就明白這件事了。兩千五百多年前，佛陀就明白**養成慈悲**可以安撫心智，增進內心的安穩特質。在西方，一群名為「行為治療師」的心理治療專家（他們聚焦在改變我們的行為，包括改變想法），也領悟到人可以創造出一種情緒，以驅散另一種。他們建議我們要學會放鬆，因為放鬆狀態不會和嚴重焦慮狀態

共存。這些治療師用一個專業術語「相互抑制」(reciprocal inhibition)，來描述這種現象。因此產生了想像式減敏感(imaginal desensitisation)緩解焦慮法，包括想像充滿壓力的社交情境，把注意力放在呼吸上、並有意識地放慢呼吸。

在早期的處理焦慮的研究與實務中，「學會放鬆」是調適策略的一環。這可**不是**教大家「逃避焦慮」或「控制焦慮」。如今，我們把更多重點放在學習接納與耐受焦慮，並了解有哪些因素可能會助長不必要的焦慮，像是呼吸的方式或身體的緊繃。這種觀點是把焦慮視為不舒服的狀態，但並不可怕。**我們可以學習創造出有抵銷作用的心智狀態（特別是慈悲），來減輕社交焦慮心智的力量，以及緩解我們對負面評價的恐懼。**這可以達成雙重目的：我們會著理解與耐受焦慮、了解哪些因素會助長焦慮，以及可以做什麼以避免火上添油（例如，不要一直去想著威脅導向的想法）。我們也會學到，如果懂得自我疼惜，而不要一直為了會焦慮而批評自己、氣自己，耐受與接納焦慮會變得更容易。

所以，如果你學會在非常羞怯、焦慮時，用慈悲的心情重新聚焦你的心，你覺得會怎麼樣？會有幫助嗎？人真的可以訓練心智，做到更能因應會造成問題的習慣性害羞嗎？如果可以，那重新集中注意力的最佳方法是什麼？還有，要把注意力放在哪裡？

想一想，最近一次社交焦慮時……

　　我們討論過安撫系統，也舉例說明人如何經歷社交焦慮。現在，想想受威脅／焦慮的心智運作時，你有什麼感受？還有在你出現社交焦慮時，它帶來了什麼影響？你可以利用以下的問題作為引導。

　　想一想最近一次出現社交焦慮、且啟動威脅保護系統時的情形：

什麼場合觸發了你的威脅系統？

_____

什麼情境、想法、經驗或記憶，很可能會觸發這套系統？

_____

如果以 1 到 10 為標準，那次經驗有多強烈？

_____

通常會觸發哪些代表受到威脅的情緒（比方說恐懼、焦慮、沮喪、羞恥）？

_____

被觸發時，你希望用哪種行為應對（離開現場、保持安靜、不要接近別人）？

_____

你認為慈悲有幫助嗎？

_____

你要如何重新聚焦在慈悲上？

_____

不需要完美，只要成為「慈悲」的自己

在閱讀本節之前，你可能想要停下來想一想，對你而言，慈悲心是什麼？且讓我們去看看 123 頁的慈悲環圈（Compassion Circle），思考一下每一個要素。如果你重新聚焦在慈悲上，你的心智會是什麼樣？你知道的，受威脅的心智會讓你把焦點放在危險上。為了轉向慈悲心，你可能要把心帶回到你很成功、你和別人可以和諧相處時。你可以去回想別人用善意對待你的時候。你受威脅的心智會試著把你拉走，這是當然的。因為受威脅心智的任務就是讓你聚焦在遭受威脅、事情出錯的時候（受威脅的心智很擅長盡其本分，所以其實它並不是你的敵人），但我們可以把焦點拉回到慈悲上。

用慈悲來**思考**時，重點會放在理解你一直以來的害羞和社交焦慮其實很稀鬆平常，每個人多多少少都有一點社交焦慮，畢竟人類大腦本來就設計成這樣。這絕對不是因為我們做錯了什麼。體認到是演化為人類創造出非常奇妙的大腦，是一種非

常重要的慈悲洞見。我們要記住，雖然太過害羞確實有缺點，但羞怯也有很多正面之處。

慈悲的**行為**通常關乎的是培養勇氣，以及學著去應付會讓我們害怕的事。同時，這也能鼓勵我們練習想養成的行為，並在過程中學到更多知識，更加理解什麼是會造成問題的害羞與社交焦慮，以及有哪些因應方法。我們甚至可以在慈悲情境中學到工作面試技巧，並努力做好準備。用慈悲的態度行事，會滋養我們。我們可能也會學到「一次一個步驟」，先在不太困難的環境下練習，再進階到我們能想像到的最艱難情境。我們或許會學到，最好的辦法是慢慢練習，先養成諸如自信心等技能（畢竟總有一天我們用得上）。記住：在波濤洶湧的海裡學游泳沒有幫助，先在溫水游泳池的淺水區學比較好。慈悲的行為能推我們一把、去發展對我們很重要的能力，比方說人際關係技巧或公開演說技能。

慈悲的**情緒**和溫暖、支持、善意和歸屬等感受有關。如果你嘗試對自己講出鼓勵人心的想法，你心裡是不是真的能聽進去，並在話中感受到善意和溫暖？想像一下你要去面試，你對自己說：「我之前也去面試過，如果這一次並不成功，會讓人很失望，但我能應付。」你有沒有聽到話語當中，蘊藏著真切善意和關懷的語氣？還是說，你聽到的是「你控制一下自己，不要再蠢了」？我們湧出的情緒，會影響我們聽到的心聲。因此，當我們想要表達支持時，努力創造慈悲的語調和感受，很

有價值。我們會在這本書裡做相關的演練。

　　慈悲的**動機**是「減緩痛苦」這個基本動機的一部分。我們很容易認為，如果你很焦慮，那麼，減緩痛苦最好的辦法就是逃避情境，這樣就不會焦慮了！然而，這會開啟另一種痛苦的源頭：你沒有能力達成你想要的，也無法去做你想做的。因此，在這裡，我們要很坦誠。唯有坦誠，才能讓我們去真正思考自己的價值何在、我們想要成為哪一種人，以及如何能成為那一種人。在害羞診所，案主和治療師都會去思考自己想要成為什麼人、在團體治療中想要成為什麼樣子。在之後會做的某些練習中，我們會把焦點放在成為慈悲的自己：那是明智、強壯、溫暖、友善且不批評的自己。此時，我們先把慈悲動機想成想要減緩痛苦的內心渴望，而痛苦可能是社交焦慮本身、或衍生而來的後果（例如逃避）。

　　慈悲的**畫面**能提供支持力量、讓你感到被理解、很友善且鼓舞人心。人在焦慮時，很容易就會創造出嚇人與自我批判的畫面。但可以透過刻意且經過訓練的努力，在心裡創造出不同的意象，刺激不同的腦部系統，尤其是前文討論過的安撫系統。

焦慮也無妨，因為你有了「工具」

　　我們可以看到，人會有不同的心智模式並進入不一樣的身

心狀態。如果去看不同狀態下的腦部掃描成像，會看到不同腦區被活化並亮了起來，也會看到左腦和右腦出現不同模式。另一方面，不同的身心狀態，也會對應到不一樣的大腦活動模式。如果我們在不知不覺中陷入某個模式，比方說受威脅／焦慮模式，這就好像在水流速度很快的河流中坐在獨木舟裡，手上沒有槳，卻要迎向急湍。但若可以學著體認不同的心智狀態並重新聚焦，就好像找到了槳，開始有能力掌控自己的獨木舟，就算我們很焦慮也沒無妨。培養慈悲不一定能擺脫焦慮心智，但可以幫助我們應付得更好，用慈悲替自己制衡焦慮。

「我為何要慈悲？」

現在我們已經準備好可以更詳加探索慈悲，有些很有意思的問題就出現了。比方說：「我為何要慈悲？」以及「慈悲的特質和渴望從何而來？」簡單的答案是：慈悲的特質，來自於我們關懷的能力與動機。舉例來說，哺乳類動物的母親會照料寶寶。演化給了我們照料子女的情感與動機。我們樂見他們成長，如果孩子愁苦或受傷，我們也會跟著不快樂。

還是孩子的時候，我們就漸漸發現，我們會與其他人產生類似的情緒，尤其是喜歡的人。比方說，我們樂見對方開心，如果他們難過，我們也跟著悲傷。演化之所以創造出這些動機與感受的原因很複雜。但基本上，動物與人類都有動機去幫助

彼此生存與繁衍。關心後代與組成支持團體的族群,會比不這麼做的活得更好,也更能成功把基因傳下去。這不代表我們不可以偶爾自私、批評與殘忍,我們顯然可以,而且也確實會這麼做。但,我們也有很高的動機去關心別人

有意思的是,當威脅系統冒出來,我們最可能的反應是別過頭去,不再關心人。面對令人害怕、更可能濫用權力或是不喜歡的人,我們比較不容易感覺到想去關心對方。碰上這些人,我們的態度通常是警惕、防範和防禦。這當然就會讓我們無意展現慈悲關懷。我們會轟炸敵人,才不管他們會怎麼樣。我們之後會看到,在講到與想到自己時,情況也是一樣。當我們氣自己、挑剔自己,就喪失了要關心、安撫自己的動力和感受。會幫忙我們應付威脅機制的心智系統,卻被我們關掉或弄得亂七八糟!

以我們要達成的目的來說,我們不用去管這些動機與感受背後複雜的理由,只需要去理解這些東西並妥善運用即可。現在,我要介紹你認識吉伯特的慈悲環圈。這是他從研究以及綜合許多人(當然,也包括各種性靈傳統界人士)的想法得出的成果。

完整的環圈如後頁的示意圖。雖然看起來有點讓人望之生畏,但其實我們已經講過其中的大部分了。現在,讓我們把慈悲的特質和慈悲的技能分開來,兩者(分別)都能為慈悲帶來力量,也能助我們善用慈悲。

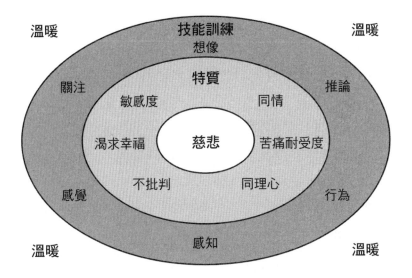

圖 3.2：多模式慈悲心智訓練

感謝吉伯特《慈悲之心》一書（London: Constable, 2009）慨然允用，
本圖已經過改編。

6 大特質，讓自己既柔軟又強大

渴求幸福：我們從內圈的左邊開始。「渴求幸福」代表出於**關心自己與別人的動機**，決心要減緩（自身與他人的）痛苦，並堅持做到底。現在，你可能會覺得，**就算你會關心別人**，你也很難想像要怎麼做，才能對自己身上會造成問題的害羞與社交焦慮，抱持或培養出關懷與慈悲的態度。所以，我們要處理這個問題。你一開始可能會權衡「成為慈悲的人」有什

麼優、缺點，想著如果你努力去做的話，會有什麼損失。你可能會覺得你做不到，因此決定不去做，你會說：「又何必呢？」或者，你覺得你有好多憤怒或其他不快的感受或設想，你根本想像不出來要如何關心自己。你也可能會覺得要關心別人很困難（害羞診所很少看到案主有這個難題。就算人們體察到憤怒感受、不信任與憎恨，他們的行為表現還是偏向合作，而且不傷害別人）。話說回來，不管是哪一種情況，別忘了，每個人都會有難受的感覺與內耗的空想，但這不會減損你去關心的**能力**。只是說，你可能必須要聚焦在關心上，並做點訓練。

敏感度：這指的是要細心，學著去注意自己或他人的憂傷。害羞的人很可能天生就有這種特質，這些人只要自己沒有深陷痛苦，通常都會同情別人的愁苦。但當你覺得羞怯或難過時，更常見的情況，是你可能會想盡辦法，不要特別去注意難過的感覺。你或許會因為「不願意去想」，而努力避開痛苦的感受。有時候，焦慮會觸發我們對自己的怒氣，讓我們無法用溫柔與理解，好好感知自己，只是一心想著「喔，天啊，我又這樣了。我為何這麼羞怯？我到底有什麼問題？我就不能跟別人一樣嗎？」我們對自己說難聽話，那是我們連作夢時，都不會對其他害羞的不得了的人說出口的字眼。這也代表了我們對自己的羞怯不敏感。

同情：有些人覺得同情不好。而覺得自己很倒楣（或者，更嚴重的，憐憫自己或他人），則是一種放縱。這可是**嚴重誤**

解了同情。同情心，就是能夠受到心靈上、情感上的觸動。假設你看到一個 3 歲小女孩和媽媽高高興興地走在街上，你微笑地看著她那麼開心，但接著她被路緣絆倒了，大力撞到頭，笑聲轉變成劇痛的哭聲。我們馬上會感受到腹部閃過一陣難受與焦慮，會想要衝出去抱住她，想辦法讓情況好一點。同情就是**這股與痛苦相關的情緒連結**。人不會多想就會湧出同情，我們的情緒馬上就被打動。雖然培養出「同情自己的能力」聽起來比較困難，但道理是一樣的。我們要學著用坦誠且敏銳的態度，來面對自己的情緒。遭遇難關時，也能打動自己為之努力。去諒解自身的社交焦慮，不要因為感到焦慮，就對自己生氣或覺得自己不如人。

苦痛耐受度：當威脅系統掌控我們，會推著我們逃避。話說回來，無法接納並耐受痛苦、或可怕的情緒，以及引發情緒的情境，正是我們許多難題的根源。然而，如果不學著耐受難受的感覺、並努力調節，就無法培養出好好處理困境的能力。一旦走上逃避之路，就會面臨世間事物的殘酷本質：**逃避通常會強化焦慮的力道**。你愈是逃避，焦慮的威力就愈強大。所以說，學習耐受社交焦慮，對於應付艱難情境來說極為重要。幸好，只要多加練習並獲得支持，就算感到非常焦慮，也能表現出色。

我在帶領案主做社交適能訓練時，前十三個星期花在情境角色扮演、**同時**去感受焦慮。如果以 0 到 100 為標準，在挑戰

性極高的情況下，焦慮程度通常從 90 起跳。在進入社交情境（或是工作面試，或是其他很有壓力的情境，比方說面對批評）10 分鐘後，他們的焦慮程度通常會降到 20 或 30。這是因為他們明白自己應付得來，**並且繼續努力去做**。這就是減敏感法能產生效果的道理。當然，對某些人來說，做第一輪時焦慮只能稍微下降 5 到 10，數值甚至還可能再往上升！他們可能需要多做幾次角色扮演，才能讓焦慮退去。

用這種方法進入自己恐懼的情境，是有效治療讓人痛苦的害羞與社交焦慮的關鍵。**你會從中學到你可以耐受社交焦慮，同時還能表現得很好。**自願和案主一同做角色扮演的人，通常察覺不出案主感受到的焦慮，這一點讓案主很訝異。學習正念與覺察，會讓人更有能力**耐受痛苦憂愁**，學著更有**同理心**，而且比較不那麼挑剔與愛批判（這些是接下來兩種我要討論的特質）。

來回想一下，第 1 章講過，研究指出，嚴重社交焦慮的兒童通常也有非常焦慮的父母。這些父母保護孩子過了頭（這很可能是為了讓自己免於焦慮），並試著防止孩子經歷任何難過、焦慮或痛苦。舉例來說，一個小孩可能會因為要和其他不太熟的小孩一起去參加派對，而感到緊張，於是家長就要他留在家裡別去了。這樣的父母在無意之中教了孩子幾件事：第一，不要容忍痛苦的情緒；第二，痛苦的情緒會壓垮你，正確的做法是避開相關的事件與感受；第三，與其學著去參加更多

派對並認識更多新朋友，來降低社交焦慮，逃避毋寧是最佳策略。孩子避開這次的派對，就不可能和不認識的孩子熟起來。下一次，如果這些孩子又要參加另一場派對，他很可能怎麼做？還有，邀他一起去參加派對的孩子，會有什麼感受？對方是會受傷，還是覺得這個小孩根本不想交朋友，到頭來下一次根本沒有人要找他一起去了？這真是讓人遺憾，當然父母並無意造成以上的結果。然而，他們並沒有幫助孩子理解心智如何運作，也沒教孩子要怎樣去面對與調節難受的感覺和困難的情境。有時候，父母得先學著耐受自己的焦慮，才有辦法幫助孩子。雖然慈悲有時候很辛苦，但慈悲代表不逃避，要去做長期真正會有幫助的事。我們要透過慈悲培養勇氣。

我有朋友青少年時讀男校，必須和同齡的青少女講話讓他痛苦萬分。他逼著自己去邀請女孩子一同參加派對或當他的舞伴，等到他必須出門赴約時，他會覺得一陣噁心，很怕自己真的吐出來。他的媽媽會帶著他走到門口，當他躊躇不前，媽媽會很簡單地說一句：「她在等你。」這句話對他有效。雖然對他來說，參加派對一直是挑戰（到了現在，有時候還是這樣），但他學到了他應付得來，而且他通常很喜歡他有去參加的活動（現在也還是！）我認識他的媽媽，我也知道看到兒子這麼焦慮讓她很難受，但我仍然能在腦海裡看到她堅毅、冷靜的面容，我很清楚這對她的兒子來說，是多大的支持力量。

慈悲有時候被誤解成**平息痛苦的感受**，也就是去驅散痛苦

的感覺。我們當然可以平息痛苦的感受，但不見得永遠都做得到，而且通常也不需要。如果你為了一件事非常生氣，可能需要學習如何因應怒氣，坦誠面對自己的感受與幻想的同時，能善待自己，並學習堅定自信。吉伯特在慈悲心訓練裡就講過，人會把「做好人，壓抑感受或把感受藏起來」誤會成有用或慈悲的方法。但慈悲不是拒絕處理問題。舉例來說，達賴喇嘛面對把他逼出西藏的中國人就非常強硬；耶穌基督對於利用教會占人便宜的高利貸商大發雷霆。有時候，我們必須學習去耐受自己身上的強烈感受，就算是可憎的想法或痛恨的感受，也不可逃避。

當然，永遠都直言無諱、粗率不加修飾，也沒有幫助。一行禪師講過，人要請配偶幫忙，以面對對自己的怒氣。憤怒的感受會干擾友誼和親密關係，因此通常需要講開，而且要用親愛的態度講。有很多方法都可以做到同時兼具果斷、尊重與堅強。有時候我們會在感受終究壓不住時脫口而出，把憤怒表達出來。這些都是讓人深感壓力的互動狀況，但有時候我們在情緒爆發之前，也並不知道自己的感受有多強烈。情緒爆發出來之後，我們可以堅持自己的立場，然後去解決問題。然而，如果我們的性格就是放任情緒累積在心裡，一旦爆發可能就會檢討自己，然後又去壓自己的感受。這麼一來，就回到了惡性循環裡面。但慈悲幫助我們體認到衝突很常有，是成長的重要部分，不需要逃避，我們可以學著耐受並因應衝突。這才是幫助

我們成長的力量。一旦去壓抑衝突的情緒（當你認為耐受情緒很難，或是被情緒嚇到了，或者你極力不想讓別人看到自己的情緒，就會去壓抑），就阻斷了極具潛力的成長過程。

同理心：同理心讓我們得以思考與理解自己和他人的心智本質。我們都有能力去理解，人會去做某些事都是有理由的：可能是因為他們受到激勵去做，或許是因為他們想要什麼東西，或是有些什麼渴望，也許是因為他們很焦慮或很憤怒，或者是他們並不知道事情的全貌。然而，有時候，當事人也並未察覺自己的動機是什麼。我們可以理解某些人的觀點可能錯了（當他們和我們意見分歧時特別明顯！）或者對方抱持的信念有謬誤，或者並不知道其他人知悉的某些資訊。我們可以去理解別人的心智，同樣的，也可去理解自己的心智。我們可以反省，並思考自己的心智如何運作。當我們可以同理讓人不安的害羞與社交焦慮，就可以理解害羞的本質和怕生為何會變成問題，以及羞怯為何是天下皆有的情緒，是一種有適應彈性的情緒，並扎根在演化中，只有太強烈與持續不斷的害羞，才會對我們造成阻礙。我們可以理解自己身上的社交焦慮是如何累積出來的，哪些情況會讓自己更焦慮。而覺得非常害羞、或社交焦慮很嚴重時，可以怎麼做。有了同理心之後，我們就可以培養慈悲，因為深刻理解心智如何運作、以及社交焦慮如何在我們身上發揮作用，正是慈悲的基礎。

不批判：放到最後講、但重要性並不稍減的特質，是不批

判。不批判不代表「我沒有偏好，也沒有渴望」。就好比達賴喇嘛也許更愛新鮮的水果，沒那麼喜歡起司培根漢堡。不批判指的是不責難，放掉想要去攻擊與批評的憤怒渴望。不批判也是正念中很重要的一環。人有時候會立刻感到情緒高漲或想批評，但愈是能退一步，就愈有可能去反省，並思考如何用最好的方式去面對事情，這也就是知名學者與心理學家瑪莎·林納涵（Marsha Linehan）所說的「方便法門」（skilful means）。反之，愈是嚴厲批判自己身上會造成問題的害羞與社交焦慮，就愈難培養出耐受度與接納，從而難以用有益的方式去面對。

所以，要如何在生活中展現慈悲的特質？答案是：

- 敏感度。
- 同情。
- 苦痛耐受度。
- 同理心。
- 不批判。
- 渴求幸福。
- 慈悲環圈。

就是這些了。慈悲環圈的內圈是慈悲的特質，外圈是慈悲的技巧。你或許看出來了，所有的特質都是以彼此為發展基礎，同時不斷互相強化。你愈有動機要做到慈悲，發展出愈多

特質，就愈容易培養出其他的。同樣的，你愈是能用同理與柔軟的心，來面對自己會造成問題的害羞和社交焦慮，就愈能激發出關愛與慈悲。因此，接下來，我們會一步步培養慈悲環圈的各種特質，了解它們之間如何相輔相成，同時也強化相應的技能。

外圈代表我們在本章第一部分探討的種種技能。我們訓練自己具備這些技能，從而創造慈悲、樂於助人的意象，刻意去刺激安撫系統。同時，訓練自己的推論技巧與思維，用全然慈悲的心情去面對各種境遇。我們也可以訓練自己學習慈悲的行為，這指的是行事態度要符合我們的長期利益，並對自己和他人慈悲。然後，訓練身體去體驗慈悲的感受，利用意象與其他想法創造出慈悲的感受（我們之後會在本書中探究如何運用想像畫面等等技巧）。我們也可以練習慈悲的關注：我們可以**刻意引導注意力**，在自己身上尋找有用、且能提供支持的畫面與想法，並從他人身上尋找有助益、且能給予肯定的行為。不要放任威脅系統一直領我們走向會讓人害怕或生氣的事物。

現在你可能注意到了，慈悲的思維會形成一個迴圈，包含了彼此影響、互相強化的特質。而圓形正是完整與慈悲的象徵，好比佛教的曼陀羅（mandala，按：「圓輪」之意，曼陀羅展現之處，充滿著諸佛的開悟世界）。

不同的心智狀態可以互為表裡，但也有可能阻礙彼此（例如，焦慮心智就可能會讓慈悲心全無）。這不是說非常害羞的

人，就做不到慈悲。當他們沒有陷入嚴重的社交焦慮時，也跟任何人一樣慈悲。事實上，以小孩來說，羞怯的人往往對同學具有同情心。而聚焦在慈悲上，也可以幫助我們應對會造成問題的害羞。

重點整理

我們可以簡單把慈悲當成以開放坦誠、柔軟敏銳的心，來看待自己與他人的憂傷，而且堅定感受到想要緩解這股憂傷。慈悲由很多不同的元素組成，而且是可以透過訓練培養出來的。同時也要記得，大腦發展成現在這個樣子，並不是我們的錯。焦慮會讓人失去慈悲，我們可以藉由想像訓練、慈悲思考和展現不同的行為，來重啟慈悲。

在接下來幾章，會探索慈悲環圈的各個要素，以及這些要素如何幫助你面對讓人痛苦的害羞和社交焦慮，我們也會從中學到更多。

第 **4** 章

正念、旁觀者
與猴子心思

在本章，我們要學習如何運用各種平衡和聚焦在慈悲上的技巧，來抵銷讓人痛苦的害羞。我們也會談到如何在努力養成社交適能的同時，也能有慈悲的觀照。這會讓我們更能相信自己、接納自己，並培養能達成人生目標的做事方法。

寫筆記，有一天你會更懂自己

你可以先買一本筆記本或檔案夾，記錄你對這些練習的反應、你的想法與見解、你未來（或現在）可能會用哪些不同的態度，去回應生活中的想法與事件。你也可以加入讓人愉快或興奮的交流經驗，提醒自己這些經驗具體而微展現了你的期望，等你能緩解社交焦慮、並用更大的善意和慈悲對待自己之後，你就要在生活中展現這些行為。你也可以自己寫一點東西，或寫日記。書寫可以幫助我們釐清價值觀和態度，更清楚聽見自己的心聲──尤其是那些被壓抑得很深的想法和感受。

正念，是你能完全融入當下

正念是培養慈悲最重要的技巧之一，佛教徒已經演練了幾百年。正念是要在每一個時刻保持覺察，單純觀察、不去批評。當你關注此時此刻自己覺察範圍內的東西，不管是生理還是心理、無論是內部還是外部出現的事物，就湧現了正念。

你可能已經體驗過了正念，有可能是你在林中散步時、駐足在一片幽靜的草地時，或者一邊坐在碼頭啜飲早上的第一杯咖啡、一邊在水裡晃著雙腳。正念是什麼感覺？答案是，你**完全融入當下，任何想法或情緒都不能讓你分心**。

現在，花幾分鐘回想一下，你感受過完全融入、任何想法或情緒都無法打擾你，你感覺到與周遭的環境天人合一，完全身在當下的時刻。當你做完練習，注意一下你平靜的感覺、你身體裡的感知、你安靜又穩定的呼吸。

情境練習　從身心體驗到正念後，我發現……

想起自己完全融入、與周圍環境連結合一的經歷，這對你有什麼影響？你有什麼感覺？

_____

如果你現在想不起來，可能之後會想起來。你現在注意到什麼事？

_____

和舊哺乳類腦，培養出新關係

正念幫助我們和舊哺乳類腦以及舊哺乳類腦的情緒、感官、欲望、渴求和厭惡建立新關係。你可能注意到，當你開始擔心會造成問題的害羞，以及之後會發生的事（比方說，你恐怕沒辦法順利約到喜歡的人），你也把焦點放在失望或難過上，回想起過去你無法表達自我或把話講出來的社交情境。當時，你就錯過了當下。然而，當下是我們唯一擁有的時刻。身在當下不代表你不能在某些時候把焦點放在過去、從經驗中學習，或者不行為了未來打算，而是說你不要被你的想法或感受耍得團團轉，不由自主地錯失當下。

身體有許多話想對你說，準備好去聆聽了嗎？

正念也幫助我們學習，在陷入社交焦慮、挫折或恐懼時，去覺察自己的想法、情緒和身體感知。處在這些狀態時，你是否曾經去檢視你的身體與心智狀況，看看情緒從何而來，是心智的哪些部分導引出這些嚴重的恐懼與憂慮？

大腦如果少了刻意培養的正念能力，就會隨著情境起舞，同時也把我們帶往不知何方。而正念覺察能讓人去注意並接納特定時間點上，身體和心智發生的狀況，我們會學到在覺得羞怯或社交焦慮時，不要抗拒或壓制焦慮情緒。覺察、接納和不抗

拒能幫助我們理解這些感受，並在面對挑戰時，能自我疼惜。

當然，我們必須付出心力才能做到這種境地。例如，每天都要挪出時間練習正念，要時時刻刻注意有什麼東西進入到我們的認知裡。我們可以刻意運用注意力，在大腦建立新連結，刺激出可以讓心平靜下來、並用慈悲態度安撫自己的腦細胞模式。有了正念，就可以學會引導自己的注意力，達成整體的平衡與輕鬆自在。即便覺得焦慮或受挫，也能更沉穩地應對社交情境。

現在，你能不能把焦點放在左手背上，並去注意出現的感受？你感受到的是溫暖還是冷冽，是乾燥還是濕潤，是搔癢還是刺癢？當我聚焦在左手臂，我感受到的是室內空氣的冷，還有打字時皮膚上輕微震顫的感覺。如果現在我要你聚焦在右耳上，你會注意到不同的感受。當我去注意右耳，我會聽到耳朵裡傳來一陣輕輕的回聲。至於耳朵外面，我注意到眼鏡框抵住耳朵上方與背後皮膚的感覺。

情境練習　**集中感受，把注意力放在手和耳朵上**

你注意到什麼事情？

_____

用正念，清晰看見事物的全貌

正念也有助於我們更清晰透徹地觀察一切。假設你正在吃一顆葡萄，而且你是帶著正念在吃這顆葡萄（或者，你也可以拿真正的葡萄來做練習）。你從葡萄串上挑了一顆葡萄，請注意看這顆葡萄的顏色和紋理。當你沖洗時，請注意果皮上掛著的水珠。當你用指尖捻著葡萄時，請注意光滑的果皮。把葡萄拿進鼻子，聞一聞水果新鮮的氣息。如果你想的話，把皮剝掉，注意一下果皮下輕軟有彈性的果肉。花點時間慢慢來。把葡萄送入口，感覺一下果肉的紋理。咬開葡萄，感覺果汁在你口中迸發。請抗拒想要快快吃完的衝動，慢慢咀嚼葡萄，品嘗果肉的甜美，注意你的口水變化。你做這些事就是單純在觀察這顆葡萄的各種特質，你沒有要評判。你的心思很可能到處遊蕩，冒出了一些想法，比方說：「我不知道我有沒有做對。」或者，「喔，天哪，這到底對我的社交焦慮有何幫助？我還得在採購清單加上葡萄這一項。」記下這些想法，然後把你的感知帶回到「探索這顆葡萄的特質」就好。把重點放在水果的味道上，以及吞嚥的感受。

帶著正念吃葡萄對你來說，是什麼樣的體驗？

_____

當你透過觀看、嗅聞、觸摸和品嘗去探索時，你有什麼感

覺？你有沒有注意到之前可能不會注意到的事？是什麼？

你有沒有注意到自己的注意力或是投入當下的感受，發生改變？請描述你的體驗：

正念的重點就是單純身在當下。我們常常分心，只靠慣性行事。你是否曾經陷入過白日夢當中、完全不記得自己是怎麼開車回家的？或者，你有沒有在辦公室裡把東西放錯地方、但自己完全無感？擔憂也是一種分心，比方說，「我在商業會談中，能不能好好表達我的立場？」或者，「我能不能順利和主管安排會面，討論我對於最近業績的貢獻？」分心製造出最麻煩的問題，可能是別人發現你分心了。例如，會議上有人對你提問或提出批評建議，但你卻沒認真聽。我們都記得那些時候腎上腺素飆到多高！

為自己，好好呼吸

現在，要把焦點放在呼吸，把覺知帶到呼吸上，就像剛剛把覺察帶到吃葡萄這件事上一樣。我們要練習一般的呼吸法。你心裡可能會冒出一些想法，比方說：「如果我做得不對怎麼辦？」「呼吸要怎麼幫助我應付讓人痛苦的害羞？」或者「這要

耗掉我一輩子吧？我需要趕快有成果。」但此刻，你只要慈悲地注意到這些想法、然後輕柔地把覺察帶回呼吸就好，帶著溫柔的微笑也無妨。你可能會想要找冥想老師或冥想同好（僧伽〔sangha〕），和別人一同學習演練。你也可以去找正念減壓團體（之前有介紹過），尤其是以社交焦慮為重點的團體。正念減壓團體可以為你提供溫柔安全的環境，幫助你培養重要技能，在你憂心即將來臨的社交情境時，能平靜下來，並在處於令你感到羞怯的場合時，也能聚焦在你的目標上。[1]

如果你現在就要開始練習，請先找一個不會受到打擾的安靜地方。你可以坐在有椅背的椅子上，兩腳平放在地上，然後背打直。你可以把雙手放在膝蓋上或大腿上，也能坐在冥想坐墊上或冥想凳上。如果使用墊子，不妨雙腿交叉，盤坐在地板上。若用冥想凳，你可以跪坐，跨在凳子上，把雙腳放在凳子下，或者把腿放在冥想凳的兩邊。你也可以平躺在地板上（這可能是最舒服的姿勢，但也最容易睡著）。你的目標是培養出警覺敏銳的注意力和覺察，同時又能舒服地把背挺直。[2]

現在，聚焦在通過你鼻子的氣息，覺察鼻尖或腹部的呼吸。感覺腹部在吸氣時脹起，吐氣時消下去。把手放在你的橫膈膜上（橫膈膜就在胸腔下方），拇指往上。現在，注意一下你的橫膈膜在每次吸氣時如何擴張，呼氣時如何收縮。用這種方式做幾次吸吐，直到你覺得舒服，並感受到可以自然輕鬆地呼吸。

現在，把兩隻手各放在胸腔的一邊，手肘朝外。這可能會讓人覺得有點彆扭。輕柔地呼吸，注意到你的胸腔如何向兩邊擴開。你的肺部就像是風箱，你可以感覺到肺部脹大。你從鼻子吸氣，氣息經過橫膈膜，同時讓你的胸腔擴張。你應該會覺得呼吸讓你很舒服，你不需要強迫呼吸，但你可能會注意到呼吸很深。瑜伽老師說，吸氣大約要需 3 到 8 秒，呼氣的時間大概也相同。請找出最適合你、不會覺得勉強的節奏。

呼吸時，你可能會發現，在找自然的呼吸節奏時，你呼吸的速度會快一點或慢一點。你很可能也感覺到自己慢了下來。你的身體自有節奏，你要去注意它。而眼神朝 45 度往下看，會有幫助。有些人會閉上眼睛，但這可能會讓你想睡，或者讓你的心思遊蕩到別處。如果你想的話，可以把手再度放在橫膈膜，再把雙手放到兩側胸腔。當你用鼻子吸氣與呼氣時，請注意身體的感官就好。同樣的，請試著全神貫注：空氣流進流出時，請注意你的鼻尖，或是腹部，去感覺腹部隨著每一次的吸氣與呼氣上下起伏。重點是要找到自己的節奏，不要強來。

溫柔看看，你的猴子心思多麼瘋狂

有的人最初做呼吸練習時，反而會引發焦慮，害得社交焦慮有增無減。如果是這樣，請不要擔心。若你現在無法做呼吸練習，也可以做其他慈悲訓練（後文會提到），來緩解你的焦

慮不安。話說回來，多練習幾次呼吸會有幫助。就算一開始只能做幾秒鐘也好，接下來幾個星期，再慢慢把練習時間拉長。而勤加練習也會幫助你更能安心面對這些感受。

（情境練習）**正念呼吸**

你的正念呼吸體驗是什麼？

_____

你注意到什麼？

_____

你有沒有感覺到慢下來、並且覺得身體更重了一些？你有沒有注意到椅子撐住了你？

_____

有沒有出現哪些讓你分心的想法？

_____

當你溫柔且充滿善意地將覺察帶回呼吸上面，你有什麼感覺？

_____

讓人分心的想法（在正念練習裡通常稱為「猴子心思」〔monkey mind〕）、令人煩躁的疼痛、發癢等諸如此類的東西，都是冥想練習的一部分。你可能會發現自己的心思飄走了，掛心著即將到來的社交場合，而且煩惱了好一陣子。你可能還為了自己分心跑去擔心別的事而自責。

　　如果你自責，你說了什麼？

　　佩瑪・丘卓（Pema Chodron）是一位知名的冥想老師，也是《當生命陷落時》（*When Things Fall Apart*）的作者，她開玩笑說，自己被「糟糕的冥想」這個說法逗樂了。畢竟，佛教的訓義是經驗就只是經驗，如此而已。[3] 我們沒有一直想著要放鬆、要改變任何事或達到任何目標，儘管我們知道從長遠來看，冥想練習可以減緩社交焦慮，擁有更好的心理控制力，與提升幸福感。我們要做的是溫柔、玩樂似地把覺察帶到呼吸上。過程中，我們會注意到自己的猴子心思是如何瘋狂：當我們坐在這裡冥想時，心思卻溜到別處、開始想些什麼與想像些什麼，又喚起些什麼。

想著社交焦慮，然後感受呼吸

現在，如果你覺得準備好了，請想一種會引發社交焦慮的情境，但只是輕度的焦慮就好。花點時間在心裡想一想。你會注意到當你在想的時候，你的焦慮程度就增加了一點。現在，再做一次正念呼吸練習，去注意你的焦慮想法，然後把覺察帶回呼吸上，一次又一次重複做。如果你試過在平靜狀態下做呼吸練習，對於你做本項練習會有幫助。如果觸發太嚴重的焦慮，請容許自己「選擇退出」，等以後更有經驗時再做。

在嘗試了這個練習之後，你注意到什麼？

你有沒有注意到焦慮減緩了一些？你有覺得平靜一點了嗎？身體安定下來了嗎？

如果沒有，沒關係。你可以在練習正念呼吸一段時間之後，再回來嘗試。

每天 30 分鐘，你的心會開始平靜

你可以在任何時間培養正念，把你的覺察帶回到呼吸和當

下。無論是在車裡等紅綠燈時、泡澡或沖澡時，或者等著看醫生或檢查牙齒時，隨時隨地都能實行正念。而每次練習時，請試著把時間加長，從 1、2 分鐘變成 5 分鐘，然後加長到 10 分鐘，到後來甚至可以每天在固定時間做到 20 或 30 分鐘。很多冥想老師建議把 30 分鐘當成一個門檻，做滿 30 分鐘，大多數人都能在日常生活中，感受到自己的平靜程度有了明顯的變化，內心安定許多。話說回來，要在忙碌的生活中，每天都抽出半小時來練習並不容易。如果你騰不出 20 到 30 分鐘，可以在早上做個 5 到 10 分鐘，然後在其他餘暇時間再多做幾分鐘。我注意到，就算我不能連續做 30 分鐘，一整天下來做的片段加起來，也比我想像中更多。

很多人喜歡用通關密語來集中注意力，比方說默念「和平」、「平靜」或「愛」等字眼，或者把焦點放在蠟燭或花朵上。習禪的冥想者通常會不斷從一數到十，然後重頭再來。一是吸氣，二是吐氣，三是再次吸氣，四是吐氣，五是……依此類推。有些冥想者會從十倒數到一。用這種方式集中注意力，可以讓心智比較不會陷入社交焦慮的想法或情緒裡，也比較不會去擔心之後的社交場合或要做的簡報。你可以試著錄下鐘聲或頌缽的聲音幫助你冥想。我自己最喜歡的音檔之一，是卡馬・莫菲特（Karma Moffett）的〈慈悲金缽〉（*Golden Bowls of Compassion*），可以從網站（www.karmamoffett.com）上取得。

正念減壓訓練裡會傳達一個意象是：一棵結實的橡樹樹根深埋在土裡，樹枝輕柔地搖曳。[4] 我們的想法和感受，是隨著秋天微風飄落到地上的樹葉，而我們就在旁邊看著。另一幅畫面，則是看著落葉順著河流漂流而下。

把心念放在「走路」上

另一種深化當下覺知的方法，是在移動或走路時把你的注意力放在身體感知上。做行走冥想時，去感受腳跟接觸地面的感覺，接著感受腳底，然後換成腳趾。用同樣的覺察，去注意你是如何在踩下一隻腳的同時，一氣呵成抬起另一隻腳。如果你想的話，現在就可以試試看，但要特別去覺察走路的感覺。看看你注意到什麼。若你願意，而且此時此刻你那邊天氣宜人，你可以走到戶外，感受一下在戶外進行正念式的步行，是什麼感覺。去注意你的感官甦醒了，感受到色彩、聲音、吹拂過肌膚的風。你做練習的步調完全由你決定，只要覺得自在就好。你可能注意到你變得更害羞、社交焦慮感更嚴重，你也一定會注意到出現了一些讓人分心的想法（大家都一樣），可能特別和你的羞怯有關。同樣的，只要溫柔地把覺察帶回來，在當下好好走路就好。

情境練習　你對冥想的印象是什麼？感受是什麼？

冥想有何吸引力？

_____

你感受到什麼障礙？

_____

有沒有辦法可以化解障礙，如改變冥想的地點或方式，或是找出能打動你的引導式冥想？

_____

你覺得哪一種冥想最能吸引你？為什麼這種冥想這麼有吸引力？

_____

正念呼吸沒效？想像身心被呼吸所滋養吧！

在你練習過正念呼吸與正念散步之後，現在，你可以把重點放在「感受呼吸深沉緩和的節奏，以安撫身心」。雖然有的人能透過正念呼吸與正念散步，感受平靜。但萬一想法停不下來、讓你分心，導致正念呼吸與正念散步的效果不佳。你可以試著把注意力放在「想像身心被呼吸所撫慰、滋養」。用這個節奏來讓自己平靜下來。

想像一個對你來說很有挑戰性、或者是你極力逃避的社交場合，像是參加派對、小組會談、鄰居間的聚會活動、下班後和同事一起出去。選定一個情境，然後讀下一段。

　　溫柔地注意你的呼吸律動，想像它傳遞出鎮靜和關心，來安撫你的整個身體。你的呼吸可能會變慢，感覺呼吸得更深、更飽滿，而且變得更順暢了。當你的心思遊蕩，你只要注意就好，然後把注意力帶回到一呼一吸之間的緩和、舒暢。

刻意放鬆，感受緊繃溜走

　　緊繃並不是壞事，也不是需要擋下的敵人，而是可以理解的機制。身體學著用緊繃保護我們，替我們做好行動的準備。如果出現無用的緊繃，我們只需要讓身體理解「此時此刻並不需要做什麼，可以安心休息」。現在，當你讀到這一段時，你並未面對任何社交上的要求，不用針對任何社交活動預做準備，你不需要努力表達自己。此時此刻，你可以就用坐姿或直接躺下來，練習放鬆。

　　採取你覺得舒服的姿勢，慢慢地把覺察帶到呼吸上。如果你覺得很緊繃或是有點不舒服，不要緊，只要盡可能舒服地呼吸就好。花幾分鐘找出自己的節奏。接著，慢慢地將你的覺察移往雙腿，花 1 分鐘注意一下雙腿有什麼感覺。現在，想像一下你雙腿的緊繃落到地面，然後消失無蹤。就放它去吧。吸氣

時，注意看看有沒有任何緊繃；呼氣時，想像緊繃透過雙腿流進地裡，離開你的身體。想像當緊繃離去時，你的雙腿覺得舒適愉快，甚至還會對你報以微笑。帶著善意，將緊繃放掉。現在，聚焦在你的身軀，重點放在肩膀到下背。吸氣時，請注意哪裡緊繃；呼氣時，感受緊繃滑了下去，從地板上消失。你的身體感到感激，而你也對它滿懷善意。好好感受身體的喜悅吧。

現在，聚焦在你的指尖，然後往上走經過你的手腕、前臂、手肘、上臂和肩膀。想像緊繃鬆開了。溫柔地放開緊繃，感覺緊繃從你的身體裡溜走，溜到地板上。現在，想像你頭部和頸部的緊繃。這個部位是你的早期警示系統，尤其在你想到了之後需要好好表現的社交情境，而感到害羞時。現在，你可能希望放掉緊繃，好好休息一下。呼氣時，想像緊繃從身體裡溜出去，進入地板。現在，聚焦在你全身，吸氣；呼氣時，聚焦在「放鬆」這兩個字上。感受你全身愈來愈放鬆。如果可以，請花 5 分鐘做這項練習。若你覺得一開始時間短一點比較好，那也可以。做完練習時，你還可以做一次更深的呼吸，動一動，比方說拉開雙臂向外伸展。注意你的身體有什麼感覺，以及當你花時間放掉緊繃時，身體的溫柔與喜悅。

用呼吸撫慰身心

當你用深沉緩和的呼吸節奏，來安撫身心時，有什麼感受？

_____

當你刻意放鬆身體，有什麼感受？

_____

你喜歡的話，可以經常做這些演練。當你撐完一天之後全身僵硬；當你遇到職場衝突或和配偶、朋友有所爭執之後，身體還沒緩過來；當你因為要在團體中演說感到焦慮，或者你的表現不如期望中那般果斷自信，這些練習會幫助你入睡。

請記住，你做練習時心智會到處遊蕩，請溫柔地將覺察帶回舒緩的呼吸，放掉身體的緊繃。而慈悲地淺笑，會幫助你穩立於善意之地。當你聚焦在身體上，就愈能察覺哪裡很緊繃。一旦你覺察到，就能有自覺地開始釋放緊繃。但如果你對自己的身體感到羞愧，或者認為別人覺得你太胖、太瘦或就是體態不佳，相關的練習對你來說可能會有點困難。事實上，覺得非常羞怯或社交上很失敗，有時候會伴隨著排斥自己的身體。而刻意放鬆的練習有助於弱化這股傾向。長期下來，你會把自己的身體想成一個朋友，你對它很感興趣，你也可以滋養、關懷

並幫忙它放鬆。你可能發現你對體型沒這麼焦慮了，這是因為你接受、也關心了自己的身體。還有，如果你不再因為自己的身體而嚴重忸怩不安、不斷批評，就會有更大的自由度，能注意到別人身上很有趣、很有吸引力的特質，對方回過頭來也會發現，他們也看到你身上很有意思的部分。他們是在和你互動，而不是你的自以為或先入為主想法。

回憶焦慮時光，然後練習放鬆

現在，可以的話，花點時間刻意放鬆你的身體。如果對你來說有用的話，你也可以花整整 5 分鐘來練習。想一想上次讓你感到焦慮的情況。例如，要和剛認識的人聊天，或你在工作會議前，跟自己約定「要公開發言一、兩次」。或者，回想一下跟別人衝突過後，難以平復的緊繃感。或是，你去參加充滿挑戰性的社交場合，但不太順利，結果產生了揮之不去的焦慮、甚至羞恥感。又或許，有哪一次你為了逃避焦慮，太早就逃離現場。記住身體、情緒和想法的感覺。當你可以想出當時的情境，請遵循前述的指示，放鬆身體的緊繃。如果你發現自己太焦慮，請改想一個挑戰性較小的社交情境。從讓你有點不安的情境開始練習，然後再進到比較辛苦的情境，會有幫助。

很難專心在呼吸時，那就去……洗衣服吧

有時候，你沒辦法坐下來或躺下來聚焦在呼吸上。尤其當你和主管開完一場很讓人失望的會、和同事起了衝突、和配偶或朋友有歧見之後，格外困難。在這些時候，做一點體能活動可能會有幫助，最好是能帶來一點成就感的事，比方說去洗碗或洗衣服、照料植物、出去辦點雜事或者去騎腳踏車。

情境練習　打造你的放鬆提案

你會做哪些活動來放鬆自己？

＿＿＿＿＿＿＿＿＿＿＿＿＿＿＿＿＿＿＿＿＿＿＿＿

你覺得哪些事最有放鬆效果，你還想嘗試哪些活動？

＿＿＿＿＿＿＿＿＿＿＿＿＿＿＿＿＿＿＿＿＿＿＿＿

「握住球，我們進入正念！」

吉伯特和蘇・普蘿克特（Sue Proctor）在憂鬱症團體治療中發現，把焦點放在除了呼吸或身體之外的實質事物，也有助

於人們做正念練習。他們使用網球，讓案主在練習呼吸和覺知時，專注於球的紋理、形狀和表面的手感。團體治療的學員給了他們一些有意思、很有趣的回應：「握住球，我們進入正念！」

你也可以使用如念珠或平滑的石頭，在練習舒緩呼吸時握著。氣味也有安定的作用。有人會在冥想時焚香，許多冥想室就會這麼做。也有人會使用芳香精油，例如薰衣草。心理學研究指出，我們運用愈多感官，就愈能關注我們正在做的事，這回過頭來，又有助於帶動新的心智狀態發展。你可能想要用上面提到的物品，來做感官聚焦練習。請把你的注意力放在物品、聲音和氣味上，採用冥想姿勢（背打直，坐在椅子、坐墊或凳子上），找到你的自然呼吸韻律。你在練習正念呼吸時，也可以從一個感官轉往另一個，在每一種感覺上停留幾分鐘。

你也可以在覺得害羞或社交焦慮時，做感官聚焦練習。比方說，在你要和某個人見面喝咖啡、或者要和新朋友約會之前。事前先做練習，讓你的焦慮不那麼嚴重。一開始只選一種物品。你只要盡力去覺察自己的焦慮就好，不要壓抑。之後，當你在做正念呼吸，同時把焦點放在你選定的物品上。如果你太過焦慮，只要做練習就好，不要連結到你的社交焦慮上。

> ### 情境 練習　「感覺對了」再行動
>
> 此時此刻，你覺得以上哪種練習最有吸引力？
>
> _____
>
> 為什麼會有吸引力？
>
> _____

今天，你享受了一個人的靜心時刻了嗎？

　　有安靜的獨處時間以照料自己、恢復活力，非常重要。但在如今忙碌且通常很擾人的生活中，很難找到這樣的餘裕。無論是靜靜泡個澡（或許也可以點上香氛蠟燭）、聽音樂、讀書，或者就只是坐著欣賞窗外的綠意，想要挪出時間，來做這些緩解焦慮的事，恐怕都不容易。如果你有具挑戰性的社交任務要完成，例如在派對上認識新的人、在工作場合中發表簡報，或是面對同事時堅定表達自身立場，我鼓勵你前一天晚上要盡你所能，好好照料自己。我也建議，在歷經具有挑戰性的社交活動（尤其是，如果結果很讓人失望）之後，比方說第一次約會、在派對上主動和一小群人互動、參加大型研討會或商業會議，或者你在某個場合中表現不俗、卻感覺到壓力久久不散，也要給自己一點時間復原。這些小小練習，能大大幫助你

維持身心平衡。

扮演「旁觀者」，給自己支持

我相信你很清楚在社交需求高、且富挑戰性的情境下，想法和情緒的變化快得像飛一樣。比方說，「我不敢相信那人居然對我說那種話！我真的受夠了由我來展現團隊精神，去配合他的大搖大擺。他期待什麼都由我來做，但功勞他領！」或者，「我絕對撐不過這場面試。我無法好好表達自己，他們絕對不會錄取我！」

這時，對這些想法給予支持的力量，可以讓你平靜下來。例如，「哇！我既憤怒又沮喪。」「我嚇死了，但我知道這些自動出現、掠過我心頭的想法和情緒，不必然反映了現實。」或者「我可以去思考並去感受這些東西，同時去做我該做的事，追求我的長期利益。我可以練習面對同事時也堅定表達自己，不管結果如何，我都可以從這次的經驗中學到東西。」

你在感受性愛的歡愉，還是在擔心你的表現？

當我們深感羞怯，不管性愛的對象是潛在伴侶還是老夫老妻，通常都會覺得侷促不安，或者面對要好好表現的壓力。在此同時，心裡自動冒出的負面想法和對失敗的恐懼，讓人嚴重

分心，導致我們覺得身心分離，也享受不到性愛的歡愉。講到「性趣」缺缺，焦慮的影響力還不那麼大，更嚴重的是讓人分心的想法與對自身表現的憂慮。但我們可以感到憂慮、同時也享受性愛，因為感官仍在運作。我不知道你的情況如何，但對許多很害羞的人來說，明白這一點可讓他們大大鬆了一口氣。和潛在伴侶約會時，我們都希望能擁有最美好的性愛，不想因為擔心自己的焦慮可能會造成干擾，反而在性愛上分了心！

　　人的性趣（或者說，缺乏性趣）明顯可見，敏銳的伴侶通常可以看出來，對方是不是很放鬆、享受性愛。而學會正念，代表我們可以時時刻刻體會自己以及伴侶的享受與歡愉。我們無須急著達到高潮，也不用擔心性趣是否能一直持續到高潮，而是可以聚焦在當下的愉悅，讓高潮順其自然。正念也揭示了高潮只是性愛的其中一部分，每一次做愛時的撫摸和親密，都是豐盈的獎賞，就算沒有高潮也無礙。撫摸和親密會刺激催產素，這是我們之前講過哺乳類會有的荷爾蒙。這種神經傳導物質和信任、愛以及高潮有關。回過頭來，分泌這種神經傳導物質會讓人覺得安全，更助長性致。[5] 如果今天沒達到高潮，下一次做愛很可能更讓人亢奮、更滿足。這是密宗性愛（tantric sex）的基礎。密宗性愛有助於理解性愛過程，並緩解和做愛有關的社交焦慮。

你看到「半滿」還是「半空」？

當我們可以一整天都去欣賞自己喜歡的小小事物，如每天的第一杯咖啡或第一杯茶、晨起沐浴、晚間泡澡、夾了奶油和果醬的土司、戶外花園裡的花朵、讀幾本書，我們就有了選擇。如果用大家都耳熟能詳的比喻來說，那就是我們可以決定眼前的半杯水，是半滿，還是半空。

就今天，努力用半滿的角度看事情吧。如果你一直以來都很害羞又寂寞，你可能長期都有輕微的憂鬱，對前途也抱持悲觀想法。我們通常都設定那是一個半空的杯子。這是長期羞怯的人共通的經驗，如果你也是這樣，做這些練習就特別重要。吸氣、呼氣，細細關注所有值得享受的小事。放下任何對於未來以及社交表現的先入為主想法，不再對過去讓人失望的社交互動感到懊悔。把它們換成對此時此刻的覺察，這樣做反而還可能感受到更深的喜悅。而且，這種專注於當下的覺察狀態，往往也能持續很長一段時間。只要學著去改變我們注意和觀察事物的方式，就相當於用新的方式刺激心智，並在大腦中建立新的模式。

再另找一天，好好觀察你欣賞的人身上的優點，眼光放向你生活中的人們，包括你摯愛的人、同事和朋友。花時間欣賞他們具備、而你也喜歡或敬佩的特質。想一想替你做了很多事、讓你的生活更輕鬆的人們，比方說汽車技師、送報生、讓

你可以用新鮮水果展開一天的本地超市店長。對這些人講你感激或欣賞他們的哪些部分，如何？我還記得，我還是年輕媽媽時住在一條死巷，同一條巷子有個女子很能幹，我們也許可以成為好朋友。但她很霸道，也批評所有朋友和鄰居。我發現，當我開始讚賞她的優點時，她的態度明顯放軟，好像減輕了她強烈想要修補一切（包括改正所有人）的衝動。通常，如果你一直覺得害羞的不得了，你就會很擔心自己的社交表現不佳。然而，若在練習與改造社交技能時，都把重點放在自己身上，就無法聚焦在他人身上、周邊環境，以及你欣賞與喜愛的生活小確幸。

利用這些演練，你就能不斷練習去控制你的威脅系統。這套系統想要照顧你，會一直警告你說你人生的杯子是半空的。但現在，你可以刻意調動自己的注意力，來刺激情緒／思考系統，觸發能促進愉悅感、安撫感和平靜心理狀態的大腦模式。也請記住，這些演練的重點在於好玩和善待自己，並體驗自然而然的歡愉，無關乎「應該」或「應當」感受到什麼或想到什麼。你可以單純訓練大腦，培養你天生就有的快樂能力。

今天，開始正念生活吧

關於正念性愛，你想記住的重點是什麼？

_____

你今天或明天想要做上述哪些練習？

_____

　　有時候，當我們做這些演練時，悲傷、恐懼、社交焦慮、傷痛或憤怒會湧上心頭。這再自然也不過了。如果這些東西跑出來（很有可能會出現，只是不確定**何時**），也就只是你覺察能力提升的一部分罷了。去注意這些是什麼，花一點時間傾聽，然後把覺察帶回到呼吸上面。當你把這些當成坐臥行走練習的一部分，你會發現靈光乍現的時刻，通常是在練習結束後。有的時候，則是特定的想法或感受，會在練習時持續出現好幾天。你或許會發現，你更理解自己的害羞經驗了。你可能想到了一些記憶，之後，請把你的覺察帶回到呼吸上。你也許會發現，你現在的害羞與社交焦慮和過去的經驗有關。我把這想成是「正念社交適能」（mindful social fitness）。我們可以訓練自己培養體適能與社交適能，同樣的，也可以透過日常的練習培養出情緒適能、情緒調節能力與情緒平衡。

如果冒出來的感覺很強烈，和你信任的人聊聊會很有幫助，如治療師或冥想老師。你也可以去找找看附近有沒有正念減壓課程，或是從書本裡找意見，像是斯蒂夫·弗洛沃斯（Steve Flowers）的《克服害羞的正念之路》（*The Mindful Path Through Shyness*）。你愈努力練習正念，久而久之，你會發現，一陣強烈的想法與感受之後，情緒的強度會逐漸減弱，並進入更平靜的覺察狀態。這會讓人心滿意足。

重點整理

現在我們已經踏上培養慈悲且平衡心智之路了。

- 準備一本筆記本或日記會很有用，可以幫助你培養正念與放鬆，也可用於本書中的其他演練。
- 日常正念練習能讓人在不抗拒、不壓抑情緒之下，去接納社交焦慮，也可培養出慈悲的觀照。
- 從旁觀者角度看自己的想法與情緒，並給予支持鼓勵，這可以幫助你平衡心智，並用慈悲的心情對待你的羞怯和你自己。

下一章我會講到，如何使用平衡技巧與慈悲的觀照，來面對會造成干擾、讓人痛苦的想法和感受。這種態度是健康社交

適能的一部分，用這種方式來因應害羞，可以讓你信任並接納自己，同時盡責去做該做的事，以實現人生目標。我們也會談到，運用慈悲心訓練裡的書寫練習，有何重要。

第 5 章

害羞者的
「想像」練習

你，在害怕是否會因為別人而受傷嗎？

在本章，我們要繼續使用想像（這是其中一項慈悲技能），來安撫自己，並在大腦中發展出慈悲模式。這能讓我們管得住殘留的舊哺乳類演化模式。畢竟，這些模式可能有礙我們追求人生真正的渴望。

過程中，我們會激發出有利的身心狀態，以應付人生挑戰。這些挑戰像是，害怕與人親近（而且還要同時面對自己的人性弱點）。畢竟，害羞不已的人，很怕靠太近會失望、受傷。我們害怕別人的批評，不敢讓對方知道我們的需求，深怕不能在跑友社團、或初次約會時，留下我們拚命想要營造的形象。

雖然恐懼是威脅系統自然而然的一部分，但要過著滿意充實的人生，與人親近是必要前提。如果我們不和任何人親近，身心會枯竭，有時候甚至會死。基於各式各樣的理由（包括我們原本的氣質和環境條件），人們天生就知道被別人拒絕的後果。這樣的敏感度既是禮物，也是詛咒。

事實就是，我們有時候**會**失望。我們會受傷，會被拒絕。但，我們也會過下去，再度嘗試。如果我們能持續投入人際互動，與人交流、學習，更理解他人與自己，就能過著充實豐盈的人生。此外，我們能真正感受到充滿活力，與他人以及自己緊密連結，並且活得豐盈美好。因此，在本章，我們要訓練自

我安撫系統，培養在社交互動中處理情緒和表現慈悲的能力，讓我們能更好地應對生活中的挑戰，並從這些經歷中學習。

情境練習　自我疼惜如何幫助你與他人相處？

如果你可以更疼愛自己一點，那麼你在認識別人、和別人相處時，會有何不同？

透過這些練習，你或許很快就能感受到對自己的善意與暖心，但如果沒有也沒關係。練習能多快收效，每一個人都不一樣，這不要緊。要緊的是，你能配合自己的節奏和步調，找到對你來說最有用的練習。

渴望平靜，也是需要練習的

在這項演練中，我們要練習「渴望平靜」。找一個安靜的地方，你可以擺出你最喜歡的姿勢、但同時也能保持敏銳，不管是坐在椅子、墊子或冥想凳上都可以。然後，把背部打直，身體感覺舒服即可。或者，如果躺下對你來說更舒適的話，那

麼一開始就躺著練習也無妨。感覺到你的喉嚨後方有個淺淺的笑容，然後覺察你溫柔、慈悲的表情。花幾分鐘進入這種狀態。如果一開始你覺得很困難，有些人發現音樂有放鬆作用，或是我之前提過的讓人平靜的聲音也有用，比方說冥想鐘或頌缽。

本項練習的重點，是培養出對自己的親愛善意，以及渴望能更自由，擺脫心理的不安或苦痛，包括和害羞與社交焦慮相關的折磨。在佛教的慈心禪中，念誦「願我快樂，願我健康，願我沒有痛苦」是基本的修習方式。吉伯特建議，在追求和平、善意與滿足的「深切且真實渴望」時，也把這幾句話放進你心裡，提醒你已經在這裡找到了自己，就像所有人一樣，都在生活的川流不息中創造了自己。把焦點放在「免於受苦」以及「進入幸福狀態」，並與你「追求平靜的渴望」更緊密相連。去注意這一部分的你，**是**既明智又能展現關愛，不會一直亂想，擔心遭人批評批判，並因此身心俱疲。有一部分的你可能急著說：「只要讓我能喘口氣免於社交焦慮和憂心，不管怎樣都好。」但你明智的那一部分並不擔心，他很冷靜。

另一種稍微複雜一點的冥想則如以下：「願我快樂，願我免受來自內在與外在的傷害，願我強壯健康，生活愜意，願我免於受折磨，願我平靜。」我喜歡這種好上手的冥想，我覺得是很好的起點。當你開始嘗試，你也會漸漸找到最適合你的練習。

如果可以的話，花 5 分鐘聚焦在這些詞句上，在心裡一遍又一遍複誦。接著，在慈悲日記上寫下你的想法／反應，幫助你記住你的經驗。如果可以的話，反省一下你的經驗和見解。你有沒有注意到，你是否抗拒去做演練？常常會出現的想法包括：「我不配得到平靜」、「這很困難」、「我可能會錯過什麼」、「我在別人眼中可能沒有價值」、「這對讓人痛苦的羞怯沒有幫助」、「我一定不能放下防備」或「我會太脆弱」。請抱持著興趣與好奇心，注意你的**任何**想法與感受，包括覺察到你真心想得到幸福，讓你有什麼感覺。之後，花幾分鐘寫下你注意到的東西。

情境練習 ── **以慈愛冥想，給自己最溫柔的祝福**

你注意到什麼？

_____

你有什麼感覺？

_____

你能否感覺到你渴望幸福？

_____

讓自己成為平靜喜悅的存在

加點喜悅進去，把練習和你的驅動／興奮系統連結起來，在大腦裡刺激出新的模式，不光只是激發安撫／滿足系統。

做本項練習（以及任何其他練習）時，你會注意到你的心思到處遊蕩，但只要把焦點帶回到平靜與喜悅上面即可。你會注意到，害羞或社交焦慮的難受，讓你浮現了一些想法。或者，你會發現自己一直在想你認為的社交失敗。而這些會阻礙你疼愛自己與追求幸福。你只需要注意到這些想法，然後慢慢把你的覺察帶回平靜與喜悅。

有時候我會害怕處於平靜喜悅的狀態，因為我擔心這可能會害我忽略了自己的責任。我擔心我會失去要有所成就的動力，或者，我會疏漏了重要的事沒做。有多少人會害怕滿足，害怕不再積極上進，害怕沒了動力？或者，擔心自己不敢主動認識新朋友，或不夠警覺以至於無法察覺社交威脅的線索？在極端注重成就和超級個人主義的西方世界，這種情況尤為明顯。

還好，研究指出，感到平靜喜悅，會讓人更樂於去實現目標、建立關係。如果可以的話，請你（帶著發自內心的笑容）放下憂慮，不要害怕感到滿足。此時此刻，請容許自己感受欣喜，因為你正在學習怎麼樣做，對獨一無二的你來說最好。你也可以提醒自己，即便面對自身的抗拒，你也想要繼續培養出

平靜喜悅的狀態。做完練習後，在筆記本或日記上寫下你心裡出現的任何想法。

最重要的是嘗試，而不是達成

「感到滿足」並不意味著不能堅定朝向人生重要目標前進，像是你的志業或有意義的人生，或者單純想要擁有最優質的人際關係。達賴喇嘛堅心要讓這個世界更慈悲，為了達成這個目標四處奔波。他非常平靜且滿足，但也承認自己會因為任性的心而苦苦掙扎。這一切都在同一個人身上共存。

達賴喇嘛也堅心致志於整合東方的正念和西方的科學。他投入大量時間，動員了有長期冥想經驗的僧侶，讓西方心理學家去研究冥想對大腦與身體有何影響。其中有些研究顯示，完成八個星期的正念減壓（我們之前提過這套冥想）課程之後，可以減輕社交焦慮。[1] 這些如今早已廣為人所知的成果，大大影響了西方的思維和行為。歐美和全世界有愈來愈多人去各地的冥想靜修中心，並努力把這些方法整合到永續企業與非營利組織裡。

但我們要很小心，不要把「能不能平靜」交由「能不能達成社交目標」來決定。比方說，可不可以在群體中發言、邀請某個人出去用餐、在職場上與人閒聊，或和你常常覺得永遠不會搭理你的鄰居聊天。

我很鮮明地記得人生的重要一刻，是當我明白全力以赴去追求我想要的，就算我自知可能永遠無法達成也不要緊，這對我來說就是經營有意義人生的方法。不管是要求取學位、做學術研究還是尋找人生伴侶，最重要的是去嘗試，而不必然是達成。我永遠都知道我已經拚盡全力了。當時，我並不明白，平靜以及喜悅也可以是我所追求事物中的重要部分。喜悅出現得早一點，但要等過了一陣子我才明白，除了喜悅，我同時也可以擁有平靜和滿足。我不一定要這麼奮勇向前。

情境練習　這輩子，你想要的是什麼？

此時此刻，你的目標和價值觀是什麼？

_____

你這輩子想要什麼？什麼對你來說最重要？

_____

你想要做出哪些貢獻？

_____

在診所裡，我們會自問：「我想成為什麼樣的人？我想要

過什麼樣的人生？」你或許想針對這些問題，在你的筆記本或日記上多寫下一些筆記，以幫助你釐清思維，或許還可以引導你練習。

在運用想像力做練習時，記住……

當你運用想像力做練習時，請謹記想像畫面並不像是清晰的照片或影片，通常都只是快速掠過的印象，有時候會包括感官、音調、聲音或感受。重要的是你心裡出現的感知或感官，而不是喚起這些印象的刺激因素。你也可以使用神像來幫助你創造畫面，如耶穌或佛陀。或者，如果要你創造自己的畫面有困難，你也可以拿任何東西來用。但你到了某個時候還是要想辦法創造出自己的畫面，部分原因是創造屬於自己的畫面，很可能為你帶來重要洞見。請以善意和溫柔對待自己，不管你想到什麼畫面，都請接納。

回憶善意時光，有助於你疼惜自己

本項練習幫助你運用記憶，來對自己產生慈悲心、好好疼惜自己。在做本項練習時，請用與之前練習相同或類似的姿勢，把背打直，覺察你的呼吸，並花點時間注意到呼吸愈來愈深。試著回想別人用善意、關懷和溫暖對待你的時刻。可以的

話，請聚焦在具體細節上。這有可能是當你感到羞怯時，有人過來和你攀談，或者把你拉進一小群人的對話裡。你現在要做的事情，是再現當你感受到他人善意時的感覺。聚焦在表情、音調和整體態度上。盡可能記住相關的細節。你認知到對方與你自己有哪些感受？你能不能在自己的身體裡感知到？去感覺感受流進你身上。花幾分鐘好好體驗一下這是怎麼一回事。完成之後，在日記上記錄下本次體驗，還有再度體會那些感受的感覺。

現在，回想一下當你對別人表達善意，慈悲從你心裡湧出，然後湧進對方身上。回想一下你用溫馨、友善與關懷對待某個愁苦的人的時刻。對方可能很靦腆，或者因為忘了誰的名字而感到尷尬。同樣的，請避開當時對方極度憂傷的例子，因為這種情況會牽扯到比較複雜的感受，比方說心急如焚、不確定或「需要拯救」等等。聚焦在你自己的溫馨與善意感受上。你希望對方也能感到幸福溫暖，因此你讓善意從你身上流到他們身上。盡可能回想當時的細節，包括聲音、表情、感受，並且把焦點放在感知的細節上。如果什麼都沒出現也沒關係。若有的話，請記下來。

等你完成，在日記上寫下你的想法和感受。有哪一個練習比其他練習簡單嗎？是別人對你的友善，還是你對別人的友善？是當你覺得害羞時別人善待你，還是在某個社交場合中，你認為某個人很羞怯，於是你表達善意？到頭來，善意是如何

出現的根本不重要，重要的是去感受和善意與關懷相關的溫馨。

將善念送給他人，「我」也輕鬆了

你可以試著現在就做想像練習。在佛教的慣例中，會以你在乎的人為對象，用之前提過的句子（可以換句話說）開始做練習：**願你快樂，願你健康，願你沒有痛苦。**

嘗試想起你所愛的人的臉龐，想像他們的笑容、他們行動的姿態和他們的聲音。探索當你渴望他們能幸福、平靜與免於受苦，你有什麼感受。請記住，他們就像我們一樣，沒有選擇出生的權利，就這樣降生於這個世界，並竭盡所能做到最好。你想到他們時可能會感受到溫馨，或者你有其他感受。

你可能擔心他們，會因為他們的受苦失落而感到難過。可以的話，請在日記上記下你湧出的不同感受。然後，繼續探索這些情緒狀態如何刺激出不同的腦部模式，以及有意義的經驗。如果你想的話，一開始可以先選擇心目中的良師益友，例如導引你的性靈之路、或是幫助你因應羞怯的重要人士，或是鼓勵與支持你的人。然後，再轉向你身邊所愛的人。在不同的修習傳統中，一開始要發送善意的對象，可能會不一樣。只要你覺得自在且自然，那就去做。花點時間每一種都試試看。

我們可以從最親近的人開始練習，可以是有血緣關係的

人，也可以自行選擇。之後，再把這份親愛善意轉向朋友。想像他們的臉龐與其他特質、他們的微笑與有趣的小怪癖，盡你所能去想細節。把你的親愛善意傳給他們，希望他們幸福、安好而且不必受苦。花幾分鐘做練習，讓自己去感受到期待他們滿足及幸福的祈願。請你盡量去想像他們幸福與平靜的樣子。如果你的心思遊蕩到他處，請注意一下跑到哪去了，然後溫柔地把覺察帶回你的慈愛冥想上。

現在，把焦點放在你沒那麼熟的人身上。這些人可能是你的鄰居或點頭之交，你對他們沒什麼特別的感覺。這些人可能是你在郵局或超市會見到的人，或在職場、網球場或附近公園會擦身而過的人。把你的親愛善意傳給他們，希望他們幸福、安好而且不必受苦。想像他們幸福與平靜的樣子。如果你的心思遊蕩到他處，再注意一下跑到哪去了，然後溫柔地把覺察帶回這些你沒有特別感覺的人身上。

花幾分鐘把焦點放在你沒有特別感覺的人身上，之後把你的親愛善意轉向與你意見相左、傷害過你，或讓你失望、讓你心懷憤怒或怨恨，或者徹徹底底被你視為敵人的人。對多數人來說，這是很具挑戰性的練習，但也極具啟發性，並且很有幫助。那些人跟我們一樣，不是自己選擇要變成那個樣子，他們不能決定基因，也不能挑選早年的生活環境，他們在環境與理解能力的限制之下，努力做到最好。我們因為無知、而且沒有用正念來理解自己的想法與行為，因此傷害了彼此。嘗試用這

種態度去對待讓你覺得尷尬、排擠你、讓你失望，甚至羞辱你的人，特別有幫助。還有，你可能要花點時間並多做幾次練習，才能真正有所體會。

現在，花點時間寫下你的練習經驗。你在哪些地方感受到抗拒？有沒有哪些時候，你感受到了自我批判？回想一下，你如何處理你抗拒或負面的情緒？你能否把覺察帶回親愛善意？這確實是要靠學習才會的技能，給自己一點時間練習並摸索吧。

情境練習 **成為願意祝福的人**

你最喜歡向誰發送善念，是最親近的人、不熟的人，還是你的「敵人」？

_____

哪一種練習，讓你體悟最深？

_____

有時候，會有人說他們突然就感到一陣輕鬆，擺脫了長年來糾纏他們的痛苦憤怒、憎恨與受傷感。忽然之間，對方的

「業」就變成是對方的，再也不是我們的。而體認到世上其他人行為的後果，都得由他們自己去承擔，會讓人鬆一口氣。我們只需要注意自己的言行舉止就好。練習親愛善意，能幫助我們寬恕對方與自己。我們並不是要擺脫與他人行為相關的負面情緒，而是要超越這些情緒：面對過去與現在的傷害，開心地過好自己的人生。

「我知道什麼才叫美好人生，就是……」

我有一位教授曾經說過，他的一位朋友（跟他一樣，都是負責接送小孩參與活動的「足球老爸」），是他認識最快樂的人之一。此人經歷過納粹大屠殺，也在集中營待過。雖然他遭受過嚴重創傷，但教授說此人仍幸福滿溢。教授最後去問這位先生：「你經歷了那麼多，為什麼還是有辦法過得快快樂樂的？你為何看來一點都不愁苦？為什麼你不會陷在憤怒中無法自拔，也不會走不出過去陰影？」他朋友回答：「正因為我經歷過那些事，所以別人認為很痛苦的事，根本不會讓我難受。我知道什麼是真正痛苦的事：你的摯愛與認識的人面臨生死關頭。其他的都是小事。我每天都感謝我的幸運星守護我，讓我活到現在。我知道什麼才叫美好人生：就是這樣的人生。我為什麼還要把時間花在憤怒和怨恨上？」

最後，愛萬物吧！

練習向傷害你的人和所謂的敵人表達親愛善意之後，接下來，你可以把這份親愛善意傳達給世人，傳播給萬物生靈。用佛教的話來說，這包括了動物、植物，也涵蓋各種生命形式，而且從我們生存的地球擴及整個宇宙。花幾分鐘做練習，然後寫下你的想法和感受。下一次，你就可以準備好完成整套的慈愛冥想。每個階段都花幾分鐘去做，然後在筆記本或日記上寫下你的經驗。

吉伯特提到，有些憂鬱的案主不太接受「沒有痛苦」這樣的用詞。有些人比較喜歡改個說法：「願我用慈悲來面對我的苦難。」他們認為這樣說比較合適，這種「面對困難事物的勇氣」對他們有幫助。如果你長久以來害羞的不得了、焦慮到不行，受過很大的苦，你可能有相同的感覺。重點是，找到對你來說最受用的講法。

當我們把親愛善意傳遞給萬物生靈，我們可能感到難過，並且覺得與這個世界同苦同悲。而練習時放音樂很可能會強化這種悲傷感，尤其是小調。這使我想起美國詩人瑪莉・奧莉薇（Mary Oliver）的一首好詩〈當死亡來臨〉（When Death Comes），奧莉薇在這首詩裡就講到了要面對人生的失落與悲傷，充實地活著。[2]

在日記上寫下，什麼有助於你內在的平靜？

在日記上寫下哪些冥想用語與音樂，最能激發安撫／滿足系統與平靜感受，會很有幫助。你可能也發現，自己開始收集最能表達這些感受的詩歌。

你可以，少一點自我犧牲

話說回來，如果我們很害羞，最大的心願就是能避避開人際關係的風險。然而，要是害怕被拒絕與受傷害，反而會因此錯失了人生，錯過所有如果我們敢對人表達溫暖與愛，就能得到的美好與溫馨。

反之，有時候，我們會在感到羞怯時，認為自己付出太多愛、太順從，因此遭人剝削。我認為，解決方案不是少愛一點，而是少一點自我犧牲。剝削你的人會這麼做，是因為無知，以及他們沒有安全感，和對於過去的傷害和痛苦抱持的憤恨。我們不需要為了愛而去忍受剝削。有很多愛你、但不會剝削你的人，以及愛你、而且看到你好好照顧自己會開心的人。通常，你自然而然的溫暖，就會吸引他們來到你身邊。我們的羞怯敏感以及偵測掠奪者的本能，都很有用。我們可以冒個險、去建立人際關係，但同時明智地選擇在一起時可以示弱的人。這些人會仔細地傾聽我們的感受，記住我們的價值觀和需

求，當我們有需要時會挺身而出。

為自己打造一處「安全之地」

　　做其他慈悲練習之前，先從想像一個你的安全之地開始。回到我們一直在做的呼吸與放鬆練習。你做了幾個月之後，可以開始想像有個地方能帶給你「安全、平靜與滿足」的感受，讓你感覺到自信穩重，並能和自己和平相處。這個地方可能會因為你的心情或處境不同而有異，不見得永遠都是同一個地方。但你可能會注意到，你一直選擇同一個或幾個你喜歡的地方。而有一個或幾個這樣的地方，對你是好的。

　　有些人選擇室內空間，比方說面對綠地的安靜房間，或是牆上掛有他們最心愛的照片或繪畫的房間。房間的火爐裡可能燒著柴。有些人選擇室外，例如你在第一道陽光下漫步的沙灘，白色浪濤閃閃發光，散發著溫暖。也可能是黃昏的沙灘，斜斜的夕陽讓海浪的藍更深了，空氣裡瀰漫著仲夏長日將盡時，濃烈的傷感。我的畫家母親總說，這叫長影時分，她喜歡在這個時候畫畫，畫下光影緩緩移動，經過樹梢和沙灘時的微妙色彩變化。對你來說，安全之地可能是去森林裡來一趟你最喜歡的健行，你停下來看風景，眺望遠方的山丘。去感覺空氣。嗅聞棕櫚樹的氣息，如果野花開了，也聞聞看。天上有蓬鬆的白雲嗎？遠方是否冒出了黑雲即將下雨？試著盡量運用各

種感官，想像畫面細節。

這裡就是你的安全之地，會歡迎你、很高興看到你來。這裡可以幫助你聚焦在歸屬感上。這是你自己的地方，只屬於你。去感受一下此地歡迎你。每當你覺得差怯、出現社交焦慮、寂寞難過或是挫折憤恨時，就可以做本項練習。就算一開始練習不順利，也別擔心。培養想像能力就跟培養任何能力一樣，起初會讓人覺得彆扭，甚至愚蠢。但長期下來，這份經驗通常會轉化成安全感與被安撫的感受。你隨時都可以去你的安全之地。比方說，在打出那通你承諾自己要打的電話前，或是約朋友下班後一起喝杯咖啡。本項練習可能在這些時候最有用，因為你可以遁入內在的安全之地做決定，這裡會接納害羞或社交焦慮的你。不管朋友這一次會不會答應你的邀約，你永遠都可以回到這個安全之地。

> **情境練習**　**想像你的安全之地**
>
> 在想像安全之地時，你注意到哪些事？
>
> _____
>
> 你有想起任何回憶嗎？是什麼？
>
> _____

當你需要安全之地時，你認為自己可以如何在腦海中呈現它？

_____

想像一下，你有個慈悲的理想朋友……

當別人善意以待，我們通常能從他們身上感受到慈悲。不管是我們所愛的、認識的還是不太熟的人，當我們對生活中遇見的人的痛苦感到同情與同理，也就感受到了對他人的慈悲。

就讓我們特意想像，創造一個滿懷慈悲的理想好朋友，一個會幫忙你安撫自己的人。你要創造出一幅獨特景象，對你而言非常特別，而且只專屬你一人。這個能給你養分的人，不一定也要成為別人的理想好朋友，這就好像你可以有獨有的畫面，想像你專屬的理想之家或鍾愛之地。想像時無須保留，任何你喜歡的慈悲特點或特質，就加在這位朋友身上。

你可能發現，納入以下四種特質很有用：

一、充滿智慧與人性光輝，對那些強烈的情緒（包括我們想要與不想要的情緒）也不陌生，而且知道如何因應；

二、堅強剛毅，可以承受痛苦的情緒與處境。必要時，也

能照顧、保護你；

三、給你滿滿的溫暖與善意；

四、不批判，而他最大的心願就是你能幸福和茁壯成長。

　　這位慈悲朋友，是另一種想像與練習自我疼惜的方法。心裡想這個人很有幫助，這讓我們可以一邊面對和害羞有關的問題，一邊感受到有人用慈愛對待我們。

　　讓我們再度前往一個你不會受到打擾的放鬆安靜之地，保持舒適的姿勢，背打直，如果你覺得能讓你平靜的話，可以播放輕柔的音樂或唱誦。覺察你的呼吸。你可以低頭約 45 度角，眼光匯聚在地板的某個點上。或者，如果你喜歡的話，也可以閉上雙眼。請注意到你的呼吸變得更平穩緩和，並在臉龐掛上一個溫柔的微笑，讓你的慈悲更有表情。開始想像你這位慈悲、能帶來養分的朋友。如果你的心思遊蕩到他處，請溫柔地帶回到這位想像的慈悲朋友身上。

　　當你在想一位能帶來滋養的慈悲好朋友時，心裡想到什麼？你注意到哪些飛馳而過的畫面、顏色、聲音或紋理？你也可以想像慈悲流進你心裡時會出現某個顏色，然後擴散到整個胸膛和全身，讓你感受到胸口的溫暖。花 1 分鐘覺察，並想一想這些畫面。運用五感，盡可能詳細地去想像這位慈悲好朋友。這位慈悲好友長什麼樣子？衣著和頭髮是什麼風格、什麼顏色？走路和移動時展現了什麼姿態？此人幾歲？是男性還是

女性？你心裡浮現了哪些聲音或音調？你有沒有聞到什麼味道，比方說特定品牌的鬍後水或香水？還是聞到雨後青草的氣息，或是早晨散步時樹木的味道？或者是某個特別的烹調氣味？你可能會想到讓你覺得有歸屬感的團體或靈修社群，或想到幾個不同的畫面，當你的情緒狀態改變時，畫面也跟著變。你生活的不同領域會有各種人，他們的性別與差異，可能會讓你從他們身上感受不同的慈悲。

想像你的完美慈悲好朋友慢慢地對你說話，聲音和善又溫柔，充滿了智慧與理解。此人強壯又穩定，而且非常關心你的幸福。當你聽這位朋友講話時，你感覺受到關心、得到理解。這位正能量理想好朋友理解也接納你的羞怯、社交焦慮以及你格格不入的感覺。只要你需要找人聊聊、堅定表達自己，他都會為你挺身而出。

不管你覺得此時此刻，人生中是不是真有這樣一個能滋養你的朋友，都不重要。重要的是，你在心裡想像與創造出正能量理想好朋友。當你覺得害羞、社交上無法融入時，你可以利用這幅畫面幫助自己。這位朋友會讓你確信自己的內在價值，並幫助你接納自己的社交焦慮感。

只要你想，你可以隨時去想像這位理想中的正能量好朋友，像是在淋浴或泡澡時，在一天開始的時候，在你等著開會或吃過晚餐消磨時光的時候。重點是，要具體去想像這位理想好朋友的特質，方便你把他們帶入你的覺察裡。

再想像一下，你在看「以你為主角」的影片……

現在，再一次請這位理想正能量好朋友來幫你面對羞怯。花幾分鐘調整到舒緩的呼吸節奏，然後花 1 分鐘想像這位理想好朋友就在你身邊，理解你和你的害羞，接納你、照料你。

當你感受到關心，想像你在看一部以你自己為主角的影片。早上你展開一天，準備好好過這天。接著，你看到自己處在一個激起你的害羞和社交焦慮的場合。看看這個人（也就是你），正經歷了緊張或焦慮，可能有一點尷尬或不得體。注意你正在看的這個人湧出的感覺、此人對於能不能留下好印象的憂慮，以及想要抽離的想法。

現在，感覺你的正能量理想好朋友就在此人身邊（就像現在在你身邊一樣），理解他的情緒，鼓舞他、非常關心他並確認了他的價值。當你在看心裡播放的影片時，去感受這位理想好朋友對此人（也就是你）的無盡慈悲。

如果你覺得自己太焦慮或太難過，請做幾次舒緩呼吸，讓想像的畫面淡去。等你平靜下來，再開始整個過程。

本項練習能幫助你感受到，正能量理想好朋友展現慈悲、智慧和深深的關懷，並感覺到這些流入你體內。他們的關懷，能為你抵禦任何因為感到受威脅而產生的焦慮、疑慮、自我批判、挫折或憤怒。

如果你很難想像出畫面，也可以從雜誌上找展現能量或慈

悲的人物或風景照片。當你把焦點放在微笑的臉龐，就相當於開始注意周遭的友善線索，而這對你的自尊有正面的影響。

有些害羞的人不想自行創造理想形象，他們比較喜歡有血有肉者的真實模樣。這時，回想曾經善待你的人，或把焦點放在你的理想好朋友對你表達過的善意上，會有幫助。而把注意力放在真實人物的表情上，可以幫忙鎮靜杏仁核與大腦其他部位。如果你小時候曾經被虐待或受到不當待遇，想到人的形象可能會讓你覺得害怕。你也可以改用動物，比方說馬或狗，或自然景色。

情境練習　**想像一位滋養你的好朋友**

想像一位正能量理想好朋友，是什麼樣的感覺？

_____

如果要你去想像這個朋友很難，那你能不能從報紙或雜誌中，尋找關於友情的例子？你會從哪裡去找？

_____

你要化身出色的演員，角色是「最慈悲的自己」

　　且讓我們運用想像，做另一項練習。這是慈悲心訓練的一環，目的是要幫助你承擔起責任，成為有智慧又慈悲的人。這樣的人其實已經在你的內心，但你需要去接近他，並把他帶出來。在本項練習中，你要演練慈悲的身體姿勢與狀態。你要化身成出色的演員，接下角色並好好排練，成為理想的慈悲之人。如果你想到某個具體的角色典範，會有幫助。但說到底，你正在接近與發展的，是心裡那個明智、慈悲的人。這能幫助你用自己的方法、根據自身步調，盡你所能成為最慈悲的人。

　　我相信（研究也是這麼說），害羞的諸多優點之一，是你天生就具備同情心和同理心（當你沒有感到社交焦慮時，就能展現出來）。這些都可以成為你打造慈悲形象的基石，你可以成為這個慈愛的人，你就是這個充滿關愛的人。請先把這樣的愛給你自己。在我的團體治療中，我看到羞怯的案主透過話語和行為，把親愛慈悲傳達給其他人，但是很難傳達給自己。你要感受到你想出來的這個慈悲之人，傳達愛給你，也能同理你的社交焦慮和怕遭批判的憂慮。

　　我們這就來試試看。花點時間，慢慢地進入舒緩的呼吸節奏。吸氣時感覺到你的胸腔往兩旁擴開。做個幾分鐘，直到你有點「慢下來了」的感受。接著，覺知呼吸，感受當下的力量，並想像你是一個極為慈悲明智的人。花點時間，想一想你

希望具備的所有慈愛特質，並想像你都已經備齊。想像你是堅強、自信、非常和善、溫暖且溫柔的人。面對惡意時，你平靜又寬容，辛苦累積出來的經驗也給了你智慧。花點時間賞玩一下這些畫面，並想像每一項慈愛特質你都具備。臉龐露出慈悲的表情。想像你自己在說話。你講話時，語速很慢、很友善也很溫柔，字裡行間充滿智慧與理解。

無論你認為自己具備哪些特質，都不重要。重點是具象化、想像與思考這些特質，以及特質的各個面向。覺察你有多想培養出這些特質，讓這些成為自己的一部分，在生活中自然而然展現出來。「試試看」和想像很重要。你在進入一個角色，並培養對自己的感知，你要用這樣的自我，幫助自己面對害羞和社交焦慮。

你可以想一想你的年紀、樣子、姿勢和姿態、表情和內心感受，比方說溫暖和溫柔。去體驗身為演員的你，開始進入角色中。注意到你慢慢與這些特質合而為一。展現溫柔與慈悲的表情，感受你開懷溫暖的笑容。你是一個明智的人，人生見過大風大浪，你有見識、深刻的理解與耐受力。你是會寬恕的人，能不計前嫌。想一想你所看重的慈悲特質，當你想像自己進入這個慈悲的角色時，和這些特質合而為一。

只要你喜歡，可以多花點時間演練。以輕鬆的心情來練習，享受其中的樂趣。這對你的身體、姿勢和呼吸有什麼影響？對你的肌肉張力有什麼影響？你覺得更緊張，還是更放鬆

了？你有沒有注意到哪個地方很溫暖或很冷冽？你隨時隨地都可以做這項練習，例如淋浴或泡澡、在公車站等公車、等著接小孩放學，或是上床睡覺時。只要你想，在一天的任何時候，都可以做這個練習。而當你要轉換到不同的任務或活動時，這個練習也能發揮很大的幫助。早上試著做做看，替你這一天定調。如果你一開始練習時就感到不自在，甚至把過去的痛苦感受（可能跟害羞有關，也可能無關）帶了回來，只要去注意是哪些感受就好了，慢慢來。你一開始或許只能做個幾分鐘，之後，等你一再練習，就會發現可以做久一點。重點是，真正想像這些特質進入你身上。從人類共有的心理現象，還有你獨特的成長經歷來看，不管你體驗到了什麼，都是自然又正常的。

情境練習　想像你的慈悲自我

你注意到理想中的慈悲自我，具備哪些特質？

_____

有沒有什麼讓你意外之處？是什麼？

_____

對於你的理想慈悲自我，你想培養出哪些特質？

_____

用新形象，克服老問題

現在，要利用這個慈悲形象，來幫忙自己克服害羞。練習前，花幾分鐘調整好舒服的呼吸節奏。接著，再一次想像你的明智、強壯、慈悲自我。不管你需要多少時間進入這個角色，慢慢來。

當你感受到你已經進入你的慈悲自我，想像一下你在看一部你是主角的影片。你可能看到自己早上剛起床，正要開始這一天。接著，你看到自己碰上了讓你感到羞怯的情境。從慈悲自我出發，感受到你給這個你正在看著、主演內心播放影片的人（也就是你自己），極大的善意。

當你用慈悲心情看著自己時，如果你發現自己變得太焦慮或太難受，做幾次舒緩呼吸，讓你想像的畫面淡去。等你平靜下來，再開始整個過程。

本項練習的用意，是幫助你養成用善意對待自己的害羞與社交焦慮，讓你學著用慈悲對待焦慮、恐懼與相關的問題。這可以抵銷因為社交焦慮和感覺受威脅，而生出的自我批判、憤怒和憎恨。

如果是陰魂不散的創傷記憶……

若是身體受虐導致你的害羞和社交焦慮（我們有些案主就

記得，導致他們非常羞怯的理由，是一些非常讓人難過的事件，包括生理上的創傷），當你在練習時，可能會注意到出現一些很有張力的畫面。如果你記得身體受虐與嚴重被排斥的創傷記憶、而且可以拿出來談一談，你就有機會和痛苦和解，並且發現你的痛苦得到了撫慰。

逃避創傷記憶、唯恐記憶再造成傷害，會使得這些記憶轉化成非常讓人害怕的侵入性畫面、瞬間經驗再現，或擴散性的焦慮。如果你認為你的極度害羞起因是身體受虐，比方說在學校被霸凌，或遭到家庭暴力，你可能需要諮詢專攻創傷後壓力症候群的心理學家。受過訓練的專業人士可以幫助你針對這些記憶減敏感，可能會有助於降低你的社交焦慮。[3]

面對恐懼，練習「慈悲」就對了

如果有什麼事讓你覺得難受，可能是擔心之後要跟別人碰面，或是某個情況不如你預期中順利，讓你覺得傷心、羞愧或憤恨，你可以找張椅子坐下來，或是採用冥想姿勢，覺察你的呼吸。注意到你的呼吸愈來愈深，也愈來愈規律。感受到你自己是一個從不譴責、非常慈悲、溫暖的人，而且非常有智慧。現在，想像在慈悲的你面前，展現出焦慮或悲傷的那一面。觀察不安的你的面容與行為，想像你有什麼想法與感受，然後把慈悲傳達給那個焦慮難過的自己，但不要試著改變任何事。壓

抑情緒，實則會讓情緒更強烈、更痛苦。所以，我們想要的是體驗情緒，同時把愛傳達到那部分的自己。要理解情緒是來自於威脅系統，而這套系統的目的，是幫助你覺察到你想要、不想要什麼。如果你能從慈悲的立場，去看待焦慮、難過或憤怒的自我，可能會有不同的體驗，這會對你有幫助。

現在做相同的練習，想像理想的慈悲自我在你身邊，和你一起看著自己的這些部分。如果駁斥、批判、蔑視等感受悄悄出現，你只要去注意就好，然後重新把心思放在你的慈愛、同理上。在做這些想像練習時，你可以用念珠串、健行步道上發現的羽毛，或是海邊撿來的光滑石頭，來穩定自己。撫摸這些東西，會讓你和理想慈悲自我，以及你一直在練習的感受相連結。氣味（例如焚香或護手霜的味道）也會有幫助，因為這會觸發情緒大腦的反應。芳療師會推薦一般認為有舒緩作用的香氣。你也可以使用咒語，在冥想中重複念著某個詞或某句話，激發出特定的狀態。你也可以把雙手放在膝上，兩隻手都用拇指輕捻食指。

想像大自然，完全接納你、療癒你

有些練習的用意，是要讓你和生命的生生不息感整個融合在一起，接納所有的生命形式與過程。而慈悲訓練也建議你在大自然界選一個你鍾愛、喜歡的地方，比方說湖邊、山林或天

空。盡量運用你的感官，詳細想像這個地方。把焦點放在水面上，水面如何閃耀，水花在你身邊蕩漾時有什麼感覺，水是冷是溫。或者，把重點放在讓你的身體暖起來的陽光上，或是山徑上松樹的氣息，或平靜沼澤裡的野花。你可以想像大自然裡的這一塊完全接納你，懂你的掙扎與痛苦。這個地方一直都為了世界上的所有生命而存在，什麼事情都見證過，例如物種的演化與滅絕。去感受一股連結感，你與非常古老且明智的事物共為一體，而它將你視為生生不息的生命的一部分，歡迎你、接納你。

情境練習

讓慈悲自我，來幫助害羞自我

接觸到理想中的慈悲自我形象，是什麼感覺？

_____

當你身在極具挑戰的社交情境中，你能否想像慈悲自我的形象就在你身旁？

_____

你的慈悲自我形象有辦法幫助你，去試試看你一直在逃避的事物嗎？如果有辦法，你的想像是什麼？

_____

> 想像大自然裡有一個地方，深深愛著你、對你慈悲，是怎麼一回事？

練習「想像」，你會發現它的威力……

我對慈悲心訓練的想法，和我對社交適能訓練的看法一樣。我們永遠都在接受訓練，努力成為自己想要成為的人，冒著風險去認識陌生人並開始喜歡這些人，堅守自己的承諾，並在每個當下盡力去愛身邊的人（包括我們自己）。很有意思的是，承諾本身就讓人感到安心和寬慰。就算表現不如預期，也沒關係。比方說，我們在慈悲練習、或社交適能訓練上，做不好。或是，與人交流不順利、不敢表達需求等等。但只要堅持做練習，永遠都有再試一次的機會，也會慢慢地愈做愈好。

我們從社交適能訓練中發現，「想像」有助於降低社交恐懼。舉例來說，在鏡子前練習說話，想像自己面對真人聽眾；想像聊天的開場白，如「你住在這附近嗎？」我們在心裡彩排整段對話，尤其是如何開口邀約。畢竟，我們想讓自己記住，要敲定好碰面的日期和時間。即便很緊張，這些練習也會讓人平靜，幫助我們記住真正想做的事。「想像」是一種威力強大、經過仔細研究的工具，運動員、演員和音樂家都會使用。

一旦從想像力練習變成行為練習，也可以幫助我們培養信心。

　　處理害羞和社交焦慮的最終目標，是要做到不再那麼害怕當下的人際交流。話說回來，想像社交互動，並不能代替真正進入具挑戰性的情境中，你要實際練習你想做到的事。然而，「想像」可以幫助我們。當我們做到自己想做的事時，感受到對自己的慈悲、溫暖和理解，這是我們很需要的東西。

重點整理

　　我們可以利用「想像」，在自己身上激發出特定的狀態。例如，把重點放在安撫系統上，以平衡威脅系統，並降低社交焦慮和痛苦、警覺的身心狀態。

　　你可以更常運用這些練習，來撫慰、疼惜自己。而當生活事件帶來情感的失落與痛苦時，你也可以透過練習，來減輕不適。

　　如果你很難挪出時間做練習，試著在你入睡前、剛醒來時、泡澡或淋浴時，甚至是等紅綠燈或去超市購物時做。

　　只要經常練習，每天花點時間，及／或一個星期花個半小時，你或許會注意到，因為你選擇創造特定心態，身心變得更美好、也更有力量了。

　　就像社交適能訓練一樣，這是一輩子的課題。接下生命給你的挑戰並好好面對，創造出你想要的人生與情緒體驗。

用關愛和不批判的態度來對待你的練習，保有好奇心，好好享受吧！

第 **6** 章

害羞者的
「轉念」練習

人生，是你自己「創造」出來的

慈悲思維包含同理和理解自己的極度羞怯和愁苦。我們練習慈悲思維，用善意和溫暖面對挫折，不去批評自己，並把害羞視為人性的一部分，而不是造成孤立或羞恥的源頭。慈悲思維強化了心理與社交適能，讓我們在努力達成人生目標時，接納自己、支持自己並有所轉變。

話說回來，運用慈悲思維來因應情緒和強烈的情感，是多數心理治療的基石。長期下來，已經證明這麼做，有助於當事人過著充滿人性關懷、有建設性的人生。

喬治・凱利（George Kelly）是一位先驅心理學家，他證明人會根據自身經驗與社會關係來建構系統，並以此界定了這個世界。[1]凱利認為，個體透過做出判斷與賦予價值，來建構自己的認知系統。我們會快速且自信滿滿地為經驗、人、群體或關係貼上標籤，比方說好的／壞的、友好／難搞、有魅力／不吸引人、複雜／簡單、困難／容易等等。我們忽略了還可以用很多其他方法去理解、解讀或標示事件、人或事物。我們簡單地把人事物歸類成對或錯、好或壞，沒有模糊空間，也沒有灰色地帶。之後，這些建構出來的系統又成為我們行動與想法的基礎。此外，我們還會去驗證自己的想法，根本不想反駁。畢竟，一旦可以快速分類湧進來的資訊，人生會輕鬆許多。這對我們來說要求也比較低，不用一直去反省、忖度和重新評

估。我們的大腦也比較善於做出快速的「直覺」決定，在可能造成威脅的情境下特別如此。

人們也會從所學和所經歷的事情中，形成自己的一套想法。有些想法和身邊的世界有關，比方說汽車要用瓦斯還是汽油當燃料，蔬菜對人有益。有些想法則關乎我們對自己與關係的感受：我很會打網球，但高爾夫打得不太好；我很有魅力，身材很好；別人都很愛批評。這些對自己和他人的想法，是自我認同的基礎，也影響了人際互動的本質。這些對於自我／他人的想法，在羞怯這個面向非常重要。花幾分鐘想想，你如何從社會性的角度來看待自己，是很值得的練習。比方說，想想看，你認為，自己在新環境的表現如何。

情境練習　你如何看待自己？

你認為自己在新環境的表現如何？

_____

你會如何描述自己的行為？

_____

為什麼我們會相信不正確的事？

如果遇到與自己的基本信念牴觸的證據時，很多人往往會反駁它，緊抱著本來的想法。不這樣做的話，人會很容易動搖，感到不安。畢竟，如果不斷改變對自己的想法，會很難有明確的自我認同感。研究顯示，多數人覺得這非常令人不安且具威脅性。我們堅守對於自己和他人的想法，因為這給了我們可靠和可預測的感覺，即使那些想法不完全正確也無妨。我們基於各自的信念，與他人建立關係，並在**彼此身上**強化這些念頭，而不是找出想法漏洞。此外，由於人需要歸屬感，也需要群體認同。這代表我們會支持某些自己明知不對的想法，以免被羞辱或排斥。

你，懂得轉念嗎？

凱利認為，心理治療應該幫助人們看到、理解到，有其他合理的方式，可以解釋這個世界。凱利相信，幫助人們探索、以及採用對自己、世界與他人的新想法、新思維和新的建構方式，能讓他們更開放、健康和幸福。

以會造成問題的害羞和社交焦慮來說，我們有很多想法都加重了羞怯感與焦慮感，而不是幫助我們應付這些感受、遑論轉念。當我們怕生的不得了，就會因為擔心遭人評斷、怕被人

發現我們的渴望、擔心無法在他人心中留下好印象，或是害怕被人批評（甚至怕對方只是禮貌和善，但對我們沒興趣）等因素，來形成對自己／他人的想法。我們可能認為自己很笨拙，或根本沒有吸引力。當我們不斷重複、常常去想，以至於這些對自我的想法根深蒂固，想法就可能會變得很複雜，在腦子裡形成迴路與連結。我們已經習慣時時提防社交威脅、貶低自己、懷疑自己並預測會出現最糟糕的結果，大腦也自動切換成這種思考方式。而當你相信你很笨拙、沒有魅力，你就會感到羞愧。

害羞會不會成為問題，取決於⋯⋯

　　每個人都有過因為感覺很糟、很笨拙或不受歡迎，而感到羞恥的經歷。而所謂的外顯羞恥（external shame），指我們認為別人在評價我們、覺得我們不得體或有缺點，而感到羞恥。外顯羞恥的著重點是「他人如何看待自己」，像是別人對我們有什麼想法與感受，如厭惡、憤怒或蔑視等等。而出現外顯羞恥時，會想要隱藏、封閉自己，避免親近他人。我們怕其他人會在我們身上發現，他們不喜歡的部分，然後排斥我們。另一方面，內隱羞恥（internal shame）則是關於「自己如何評價自己」。我們覺得自己不夠格、比較差勁或有缺陷。感到內隱羞恥時，多半會嚴厲批評與攻擊自己，相信我們天生就很糟糕或

是個失敗者。當我們很害羞，就會認為只有自己有這些感受。但是其實，這在西方世界很常見。不幸的是，這些感受會使威脅系統過度運轉，破壞滿足感和幸福感——正好與自我疼惜的精神相反。如果事情出錯了，我們不會用善意對待自己，也不會給自己支持和堅定的希望，反而會深陷在挫折、憤怒與鄙夷中。大多數情況下，你對自己的看法，都建立在早年的痛苦經驗上。例如，你身邊的人都無法給你關懷和支持。所以其實，外顯羞恥和內隱羞恥都是以「**他人**的問題和情緒困擾」為基礎。

因此，一個人會不會感到羞愧與自責，決定了他是「一般的害羞」（這是正常的情緒反應），還是「極端、痛苦的害羞」。根據一份未發表的青少年研究，很害羞、但不會自責的高中生，他們的社交焦慮程度，和不害羞的學生差不多。相反的，如果除了害羞、社交焦慮，還會感到羞恥，會帶來更痛苦、難以面對的經歷，因為羞恥會剝奪人生的喜悅。感到羞恥時，我們只想躲起來、封閉自己，不願敞開心胸，也不敢接近別人。我們擔心其他人會在我們身上發現他們不喜歡的部分，然後排斥我們。

好羞恥,壞羞恥

當然,羞恥感並不必然是壞事。但強烈的羞恥會變成慢性的問題,好像整個人都遭到否定。我們會覺得自己非常不得體、有缺陷,無法擺脫這種找不到價值的困境。我們無法控制那股嚴重的羞恥感,也無力改變。

另一方面,訊號性的羞恥(這是比較溫和的羞恥),能讓人覺察關係的狀態。當我們覺得太敞開自己、受到侵犯、被忽視或拒絕,訊號性的羞恥能幫助我們察覺感受,並在可信任的關係中化解它們。這種羞恥不僅有助於我們意識到自己的脆

弱，也覺察到他人的脆弱，並明白你我皆凡人，有許多共通點。我相信，這種比較溫和的羞恥感，有助於我們對他人產生慈悲，最終也能夠對自己慈悲。

你聽了什麼話長大？

雪莉・修柏（Cheri Huber）是加州一位知名的禪學老師，她在其著作《你沒有錯》（*There is Nothing Wrong with You*）列出一些大人會對小孩講的話，你可能在成長過程中也聽過一些。（除非帶大你的，是不會犯錯的人！）[2] 修柏認為，家長教養時說的話，是帶領孩子「學習社會化」的過程，但也可能成為滋生自我怨恨的溫床。以下列出一些：

不可以那樣……住手……把那個放下來……我講過不可以那樣……你怎麼都講不聽？……不准露出這種表情……我會讓你哭個夠……你不可以這樣想……你應該更懂事……你應該為自己感到羞愧……你真丟臉……你聽懂我說的話了嗎？……什麼都被你毀了……你沒腦子……你瘋了……我為你犧牲了一切，但我得到什麼？……你得寸進尺……那種事誰不知道……你一點都不好笑……你覺得你是誰啊？……你天生就壞……鄰居會怎麼講？……我要揍扁你……都是你的錯……我覺得你好噁心……如果你再哭，我就要搧你巴掌……

這樣的例子不勝枚舉。而被一連串令人喪氣的羞愧與批評轟炸，可能最終會讓你得出這樣的結論：「我一定是做錯了什麼。」多數人在成長過程中，都聽過類似的批評。有時候對方很明顯是出於善意，希望我們成為一位好人。但有時候，父母等人說這種話，是因為他們本身有情緒問題，無能成為好的照護者。

羞辱的殺傷力

　　不管在什麼情況下，羞辱性的言論都會引發內隱羞恥和嚴厲的自我批判，也會引起外顯羞恥，並預設別人會用懷疑的眼光看我們。像我腦海裡還不時會浮現父母的聲音：「鄰居會怎麼想？」說的好像我們的價值要由鄰居來決定似的。

　　人天生就需要與他人建立連結、感受到被關懷，並在需要時得到幫助。我們都希望受人喜歡、欣賞與被重視，這樣我們才會覺得這個世界很安全。如果和父母的關係溫馨且充滿關愛，我們會覺得安全、被接納。如果照顧者排斥、批評我們或會言語暴力、動粗，我們就很容易出現內隱與外顯羞恥。而極為害羞的人，父母通常都是控制狂或保護過頭，或常常受到批評、傷害，或遭到忽視。當這種情況發生時，就連適度的批評指教，都會讓我們很敏感，把所有事情都解讀成「這代表我不夠好」。

當羞恥感湧上心頭，如何應對？

以下這項練習，可以幫助你更能覺察到兩種和羞恥有關的想法，一種是關於別人怎麼想，一種是關於你怎麼想你自己。為了幫助你理解，我們來看一個很容易懂的例子。

你邀請一對夫婦出來吃飯，因為你想更了解他們。他們兩人都和你的另一半在同一家公司工作，兩人都是大家口中井井有條、效率又高的人。你精心規畫這場晚宴，卯足全力做了一頓豐盛的晚餐，等待客人到來。你正在做特製醬燒鮭魚，配上香煎蘆筍。沙拉已經在冰箱裡，米飯也放進微波爐了。你一邊等待，一邊準備開胃小點和餐前酒。雖然你有一點緊張，但你很高興等一下可以聊聊天認識一下。計時器響了，提醒你鮭魚要起鍋，蘆筍也該盛起來了。你把食物放進盤子，把微波爐裡的米飯拿出來。此時你驚恐地發現，米飯煮過頭了，整個黏在微波容器上，有一部分還煮到化掉了。你覺得那對夫婦會怎麼想你、怎麼看你？你心裡掠過哪些自我檢討與批判的想法？

以下的「自我批判的想法與恐懼」表中，第一欄是可能會出現的「外顯羞恥」想法（「我認為別人怎麼想、怎麼看我」），第二欄是「內隱羞恥」想法（「我怎麼想、怎麼看我自己」）。檢視這兩欄，你會看到兩種想法互相應和，當我們批評自己的同時，又是如何假設別人也會批評我們。我們預設別人會用我們看待自己的眼光，看待我們。以這個例子來說，就算你的賓

客表現出「他們很明白到底發生什麼事了」，也認為改用義大利麵來代替米飯很有意思，你還是會擔心實際上他們才不是這樣想，還會在回家路上一直講你的壞話。你會認為外面的世界和你內心的世界都很挑剔、排斥你，因為你感受到來自裡外的威脅，任何地方都不安全、不平靜，也感受不到撫慰或善意。無怪乎，你覺得壓力好大，備受威脅！

第一欄 我認為別人怎麼想、怎麼看我	第二欄 我怎麼想、怎麼看我自己
這些人會覺得我很隨便、很不專心。他們會認為我很緊張，因此看輕我。	我真不敢相信我沒有更仔細檢查時間。我真笨！我一直都太羞怯、太焦慮，沒辦法集中注意力。我永遠改不了！
他們不會讚嘆我的待客之道，而是認為我很笨拙。	我到底有什麼問題？我為什麼不能認真一點？我很焦慮時就會分心。
他們不會想再來。我也讓另一半很沒面子，因為他居然跟我這種人結婚。	這頓飯本來會很棒。當我覺得忸怩不安時，我真的什麼事都做不了。
他們不會想和像我這樣的人交朋友。	因為我的疏忽和社交焦慮，我搞砸了。
這會對我的先生造成不好的影響。他們會覺得我是個呆子。	我什麼時候才會學到要注意！我痛恨自己不能控制自身的焦慮，還自我意識過剩。

我最大的恐懼是：我交不到朋友，找不到喜歡我、尊重我的人。	我最大的恐懼是：我交不到好朋友，我會一直很寂寞，成為邊緣人。

　　但你可以做點有幫助的事。往後退一步，覺察你的想法。調整到舒緩的呼吸節奏，重新集中注意力，試著用一些問題來平衡你的想法，語氣一定要保持善意溫柔。

- 他們當中有任何人看起來對燒焦的米飯有意見嗎？

- 他們當中有人表達同理，或舉出自己也有過類似情況嗎？

- 他們之中有任何人一直想辦法讓你安心嗎？

- 他們看來很喜歡你的陪伴，度過了愉快的時光嗎？

- 這件事真的會妨礙你們成為朋友嗎？

- 這真的會妨礙你的配偶和他們之間的關係嗎？

- 如果角色對調，你會排斥他們嗎？

- 你有想過這件事很可能有破冰作用，幫助每個人放輕鬆好好做自己嗎？

　　鼓起最大的溫情、善意和溫柔問自己這些問題，並慈悲地關注會出現哪些正面反應。由於威脅保護機制啟動了，我們很容易就聚焦在負面的事物上，系統就是這樣運作的。因此，如果有任何一位客人有一點點訝異或質疑，你就會把重點放在這裡。然而，運用慈悲的觀照，你也可以把注意力放在其中一人講的話上：「喔，天啊，我也幹過這種事。你有義大利麵嗎？我們可以很快煮好。」並且注意你回的話：「好啊，我們來試試看。」接著，你們一起煮義大利麵、翻找冰箱並加點香蒜醬和綠色花椰菜，讓另外兩位繼續坐在外面開心聊天，氣氛可好了。如果這種事發生在別人身上，你可能會想：「呼，還好不是只有我會這樣。」然後你很可能會鬆一口氣。確實，研究指出，當我們出點錯、有點失禮，別人反而更喜歡我們。「太完美」的人常常會讓人很洩氣。

　　還有，如果你不在乎別人把飯煮焦了這件事，你覺得別人會不會也傳達同樣的善意和不介意？別人會喜歡你，通常是因為你溫暖、坦誠、關懷別人且表現出你也喜歡他們，而不是因

為你有沒有把飯燒焦。事實上，近期研究指出，只要有別人過來並傳達想要互動，人就會忽略自身的社交焦慮訊號。引得我們批評自己的，是擔心被排斥與遭到負面評價的恐懼。如果你真心相信他們不介意，而且覺得和你在一起很自在，你還會嚴厲檢討自己嗎？這也就是上表中加入「我最大的恐懼是……」這句話的理由。每當你開始批評自己，對自己失望、憤怒與鄙夷時，你可以自問這個問題。畢竟，人會用自我批判來逃避恐懼，讓你無法處理這份恐懼。所以，請嘗試真正去注意並體認你的恐懼，並試著自我疼惜，不要捲進你的自我檢討想法裡。用慈悲對待你的恐懼，會幫助你不再苛責自己，不再感情用事傷害自己。

你對自己的不安，有 5 億人懂

娜芙針對全世界不同文化中的羞恥感與關於自我的消極想法，做了很多研究。2013 年，她和心理治療師克里斯多弗・葛摩（Christopher Germer）開設正念自我疼惜課程，他們在課程中講到，羞恥是「單純的情緒，到處可見」，源於希望被愛與有歸屬的渴望。每個人都需要被接納、被認可。耐人尋味的是，每個人都有一些背負一輩子的負面核心信念，比方說「我有缺陷」或「我不討喜」。這些東西是羞恥心理的構成要素。然而，這些負面核心信念其實沒幾種，不過就十到十五之譜。

娜芙和葛摩開玩笑說，我們對自己抱持的每一種負面想法，地球上大約有 5 億人都心有同感！而負面核心信念之所以能一直留下來，是因為我們把這些想法藏了起來。事實上，每個人都有優點和缺點，缺點從來不如我們想像的那般讓人受不了。

凡事打安全牌？問題是……

你可能會發展出所謂「追求安全」的策略（人類會想盡辦法保護自身的安全），來因應外顯羞恥。舉例來說，我們會遠離自認有攻擊性的人，避開可能會受傷的情境，對抗威脅我們的人，順服或顧忌我們認為有惡意的人，並對於我們認定會遭人排斥的特質祕而不宣。我們的心智設定成要保護自己。人確實常常高估威脅。當我們覺得羞怯，就會認為社交世界帶著威脅，於是努力保護自己，要不就順服，要不就逃避。當我們覺得害羞，通常會反求諸己、責備自己。有時候，這是為了擋掉別人的責備。我們會在別人開口前先自責。

恐懼和逃避、認錯與順服，只是幾種用來應對社交威脅的方法。另外還一種很重要的防衛性情緒，那當然就是憤怒。當你覺得被羞辱，就會用更有侵略性、攻擊性的態度對待別人，或者對人傲慢、挑剔並擺架子。我們並不是刻意地選擇這些策略，這些都取決於我們天生的氣質、體質、智力和過去與現在的環境。

但凡事打安全牌的問題是，我們沒有機會學到，情況可以有所不同。如果你很羞怯，避開其他人，你可能永遠都學不到，如何因應自己的焦慮並慢慢地緩解。如果逃避社交場合，不願挑戰自己，那什麼都不會改變。因此，我們要發展出不同做事方法，好好面對焦慮，不要讓社交焦慮和害羞情緒主導你的一舉一動。舉例來說，你可能要看著別人的眼睛，主動社交，必要時為自己挺身而出，邀請別人和你一起做點事，分享你的想法和感受，以培養親密感、深化友誼。我們會在第 8 章討論，如何帶著愛與慈悲，改變自己的行為。

情境練習　人生，不見得只能打安全牌

凡事小心為上，最大的問題是什麼？

_____

在接下來幾天，你可以做些什麼，來有所突破、挑戰自己，不要一直打安全牌？

_____

重點是，你不是在強迫自己放棄什麼

慈悲訓練的重要原則之一，是要明白當你逐步培養新思維與新做法時，永遠可以回頭去找老方法。你不是在強迫自己放棄什麼。畢竟，擔心自己會失去什麼，一開始可能會讓你更焦慮。你不需要放棄「小心駛得萬年船」的策略，只要有好處就拿出來用。確實，每一個人時不時都會這麼做。而你可能會發現，慢慢的，你打安全牌的次數愈來愈少。你對自己的慈悲以及正在培養的勇氣（你知道，面對挫折時，你可以支持自己、接納自己）告訴你，你再也不需要常常把這些策略拿出來了。懂得自我疼惜，你在與人建立關係時，能變得更和善、更溫柔而且更能接納自己，並明白你跟全世界幾十億的人一樣，並沒有做錯什麼，也沒有什麼與生俱來讓人尷尬的特質。

坦承自己的弱點，真的沒關係

能在別人接納你、不批判的安全環境下，坦承自己的弱點並承認自己的羞愧，就能培養出信心與自由度，讓你放手去摸索。失敗了，我們可以一起嘲笑生活處境的荒謬與自己的反應。當我們開始在溫暖接納的關係中，對彼此訴說經歷過很丟臉的事，就開始奠下基礎，滋養真正的親密與信任。

用認知行為治療，擺脫社交恐懼

　　想像一下，為了改變舊的想法，而開始每天練習有益的慈悲思維，那會怎樣？假如刻意把注意力放在「對我們有幫助」的事物上，不要因為「反正就這樣」、而照單全收對自己／他人的舊想法，那會怎樣？若檢視與人交往時的狀況、並刻意把重點放在我們表現很好的部分，那會怎樣？當然了，有些事不會那麼順利。人與人之間的往來就是這樣。但是，在多多練習之下，我們可以重新集中注意力，去看自己做得很好的部分。想像一下，如果我們開始用不同的角度來看待害羞，認為羞怯既是優點也是缺點，並練習用其他觀點來思考自己與他人，那會怎樣？

　　精神科醫師亞倫・貝克（Aaron Beck）在 1960 年代時投身於研究憂鬱症，他關心的重點是，當人有某些感受或心情時，內心會出現的一連串評價性想法。[3] 貝克提到，這些想法會阻礙人去參與當下正在發生的事，比方說手邊要做的任務，或與其他人交流。我們有很多自我評價式的想法，例如「我希望能留下好印象」或者「如果我說了蠢話怎麼辦？」貝克也提到，當人要忙著應付憤怒、焦慮或憂鬱時，思考的主題就會關乎威脅與潛在損失。舉例來說，憤怒的人想法會集中在「他們的需求或目標是否受挫」；廣泛性焦慮的人想的是「心跳加速是否代表心臟病要發作了」；憂鬱的人把重點放在「格格不入與毫

無希望」。當我們覺得羞怯，就會轉向這些不討喜的自我評價（你可以從貝克舉的例子中看出來，自我評價的想法在每個人身上都普遍可見）。我們會審視自己，想著要挑錯或找問題（而不是去看好的面向），擔心其他人會覺得我們很無聊、沒吸引力、很不討喜。我們會有一些想法諸如「我聽起來不怎麼樣」、「我想不到什麼聰明有趣的話可講」、「別人比我更會待客」、「他可能比較想跟別人一起」。（你或許很清楚，這些都是會浮現在你腦海的想法。）這些想法讓我們分心並造成干擾，從而無法享受與別人相處，也無法自然而然表現出對別人的好奇。但後面這兩項，正是別人會喜歡我們的理由。貝克說這些是「自動出現的想法」，因為這些東西就這樣跑出來了，我們根本沒有特意去想、遑論謹慎推論，甚至不知道是從哪裡來的。

那個時代的紐約心理學家亞伯・艾里斯（Albert Ellis）認為，人們受到「應該」和「應當」怎麼樣的想法所驅使。[4] 他提出的解決方案，聚焦在把「應該」和「應當」，轉變成「偏好」。他也提到，人常會跟自己說，「我根本不可能應付某些情緒，這是很讓人痛苦的感受」。但這會讓人沒有動機去耐受與因應自己的情緒，還受到驅使盡量去避開情緒。如果我們一直跟自己說情緒讓人不愉快、很難受，甚至根本就無法忍受，那就很難學習如何因應情緒。

臨床學家與其他專業人士建議，要學著去檢驗自動出現的

想法和念頭並想出替代思維，而這個方式快速流傳，並通過了研究驗證。事實上，由於認知行為治療特別把重點放在「焦慮時，腦中出現的想法」，因此是克服害羞的有效策略（因為害羞包含了擔心他人的負面評價、害怕遭到排斥）。我之前也講過，在社交適能訓練中，前十三個星期做的就是認知行為治療，其基礎是金巴多在早期害羞團體治療與社交焦慮症的對照研究中，使用的學習模型。[5] 認知行為治療的方法是主動參與社交互動（行為），然後以新的認知，取代自動出現的威脅導向想法，透過這種方式溫和緩慢地因應自己的恐懼（面對危險）。藉由用新的認知觀來思考情境，我們可以發展出更務實、有用且能支持自己的想法。

想像一下，曖昧對象不想跟你繼續了⋯⋯

就像學者與臨床學家說的，人生給了我們難題，心智還會替我們**增添**痛苦，一下子就跳到某種反射性的負面解讀，再加上根本幫不上的思維。我們免不了時不時覺得害羞或社交焦慮，誰也躲不掉挫折、失落與創傷。但對這些事情的想法，決定了這些東西是成就我們，還是毀了我們。

假設你正在和一個人曖昧，但對方後來改變心意不想和你這麼親密，只想做朋友。你在理解這件事時可能會認為，這是因為你們兩人的共同之處不像你想的這麼多，或是這份戀情的

化學反應不夠好，得花時間去另找適合的人。如果是這樣，你很可能會失望，但不會絕望。你甚至會有一點開心，因為對方很看重你，還想跟你做朋友。

但如果你非常羞怯，你認為兩人關係的改變代表你該受到責備，你不可愛、不得體而且無法找到伴侶，那會怎樣？你會發現自己很喪氣、很難過，甚至覺得很羞愧。

在第一種情境中，你是從更宏觀的角度來看情境、你的伴侶、你自己以及當中的互動。在第二種情境中，你聚焦在自己的恐懼和威脅導向的想法上，也許沒有想過其他的可能性，比方說其實你不太適合對方，或者你的伴侶不想要任何親密關係。

而自責和聚焦在自動出現的想法，最讓人痛苦、也最有可能損傷我們的自信。這些想法會阻礙我們去認識新的人、尋找新伴侶，因為人在這些自我批判當中，很難去冒險與學習新的交流方式。這些想法與感受也讓我們很難去信任對方，以至於我們不敢直接開口問一些問題，比方說：「你覺得哪邊不對？」或是「我們之間有哪些差異，讓你判定我們不適合？」有時候，對方講的話會讓你鬆一口氣，因為你知道了他們想什麼，而且你也認同。有時候，如果是你不自覺做了什麼推開對方的事，你也可以因此得到寶貴的回饋意見，下一段關係會很受用。

有些壞念頭，總是無意識出現在腦海中？

　　除了具體事件之外，還有很多因素也會影響這些自動出現的想法：大腦的生理狀態、疲憊等身體狀態，以及長期且持續的情緒狀態，如害羞。我們覺得不知道從哪裡跑出來的想法、感官和情緒，其實往往和某些事有關聯，只是當下我們未能覺察。

　　感官突然出現變化，比方說心律改變，是很正常的事，而且隨時都會發生。但如果我們把這種變化視為心臟即將衰竭，

就會陷入恐慌，會讓心臟跳得更快、呼吸變得急促，讓我們覺得快要窒息而死了。而這又會讓問題更嚴重，變成全面性的恐慌。要是我們的社交焦慮與逃避傾向很嚴重，恐怕會因為焦慮、因為缺氧與心跳加速使得呼吸急促觸發恐慌反應，直接就在社交場合恐慌發作。可想而知，我們接著會開始覺得自己很脆弱，不只不碰社交場合，還會避開任何會導致心率提高的活動，例如運動。但運動其實對心血管系統有益。

每個人都會有各種侵入性想法。比方說，男性一天會有好多次和性有關的想法，暴力思維則是有時候會出現。然而，要是一個害羞的人認為，這些侵入性想法代表著「我不夠好」，就會變得很沮喪，更會出現「強迫思考」（obsessive thinking）這種心理問題，以及讓人感到不安的威脅導向想法，還有表現在生理與情緒的害羞狀態。我們無法停止這些侵入性想法，也會被這些想法嚇到，還會認為就是因為自己有問題，才會有這些想法。但慈悲訓練提醒我們，「舊哺乳類腦」平時就常拋出古怪、不討喜的感受、幻想和想法。每個人都有這些奇怪的侵入性想法。至於我們會多害怕那些想法，取決於在害羞或社交焦慮時，我們如何解讀它們。

當西方心理學，遇上東方佛學

有一些心理學家綜合西方療法（比方說認知行為治療），

以及以東方思考（尤其是佛學）為基礎的原則、技巧和練習，發展出治療方法。林納涵 1993 年出版的《辯證行為治療》（*Dialectical Behavior Therapy*），便整合了激進行為治療（radical behaviour therapy；這種療法以學習理論為基礎，強調改變行為可以改變人的想法和感覺，我們可以學著面對自己害怕的事物，直到「減敏感」為止，這樣就可以減緩恐懼）和禪宗佛學的原則。在社交適能訓練中，我們透過練習做某些事，來改變行為。例如，參加會引發令人不安的害羞與社交焦慮的活動。像是，在特定情況下去接近別人，與對方交談。而辯證行為治療中的「辯證」，則包括接納與耐受難受的情緒，而不是試圖去改變它們，這跟慈悲訓練所提倡的不謀而合。

第 2 章提過的心理學家海斯，也根據相似的原則發展出接納與承諾治療。他說，當人們無法接納自己痛苦的感受，就會憑經驗習慣性逃避某些感覺和情緒，這個過程稱為經驗性逃避（experiential avoidance）。他相信，一旦出現這個過程，人就會遭遇困境。海斯合作的對象是遭受創傷折磨的人，例如越戰退伍軍人。他幫助他們接受發生過的事，以發展或重新找到目標與價值，讓他們的人生有意義、值得活。這些原則也可以運用到導致長期慣性害羞的傷痛事件與經驗。海斯和史賓賽·史密斯（Spencer Smith）合寫了一本自助式的書《走出苦難，擁抱人生》（*Get Out of Your Mind and Into Your Life*），能讓人對接納與承諾治療有很好的概觀，也有很多接納導向的練習。

順著大腦來轉念

以大腦的運作方式來說，學習去觀照我們的既有想法、不要照單全收，會很有用。在此同時，我們也可以學習耐受與接納自己的情緒，以便更有效地去因應這些情緒。

慈悲思維以這些原則為基礎，但要另加一個關鍵要素。如果想學會轉念、以取代會加深焦慮的羞怯想法，只需要想到「事實」上，我們的想法很可能會因為某些原因而扭曲，不見得永遠都能幫上忙。你有沒有對自己講過一些話，比方說：「我**知道**我不需要感到焦慮和害羞，我**知道**我可能比自己想得更好……但為什麼我感覺不到？」而慈悲思維不僅可以幫助你找到理智上**看來**成立的替代性想法，也能讓你**感受到**那確實成立。

當然，我們不太可能馬上就做到接納與耐受難受的情緒。但如果能學會轉念，來取代威脅導向的社交焦慮想法，同時也能生出善意、理解、認可與支持的感受，那會怎麼樣？我們學著接納與耐受痛苦情緒，同時也創造出和善、溫柔、理解的聲音，鼓勵並支持我們所做的努力，那會如何？你覺得，如果人們在面對挑戰時用善意對待自己，是不是比較有可能成功？我也認為是。而這就是慈悲思維的基礎。我們學著盡力做到坦誠客觀，在此同時，慈悲的精神是把重點放在善意和支持。學著在理性想法中創造出感性成分，是慈悲思維的關鍵。這樣一

來，我們就可以做到既客觀也慈悲，並且把焦點放在思維的情緒調性上，以及思維背後的（關懷）動機上。

玩「探索遊戲」，發現內心的各種情緒

假設你和某個你設想可能成為終身伴侶的人走得愈來愈近，你們之間的對話愈來愈深入、愈來愈親密。你很享受兩人世界時光。對方請你今天傍晚過來，而你事先知道當晚還會有其他人：幾個朋友和對方遠來的表親。你可能覺得有點失望、憤怒、難過或無言以對，因為你認為那本來應該是兩人共度的美好時光。你要如何因應這股難受？

當你在思考這次事件時，關注你心裡出現的想法和解讀。寫下你的想法和情緒，回答以下的問題：「當我聽到不只有我們兩個人時，我覺得⋯⋯」

做好準備，想好你會出現各種不同的情緒，例如：焦慮、憤怒、失望和困惑。可以的話，去辨識不同的情緒，然後思考伴隨每一種情緒而來的想法，完成以下的句子：「我心裡憤怒的部分認為⋯⋯」「我心裡焦慮的部分認為⋯⋯」「我心裡『不想去』的部分認為⋯⋯」

花點時間觀照，並且溫柔地探索內心的這些領域（如果你想的話，甚至可以把它當成遊戲），讓自己更熟悉心裡出現的各種想法與感受。記得，要重視那些情緒和感受，就像你對它

們所傳達的訊息深感興趣一樣。保持專注，把出現的情緒和感受一一寫下，這能讓你的心慢下來，並更能注意到種種情緒和感受。你會發現，不同的想法和解釋，如何伴隨著不一樣的情緒。

現在，就來玩「探索遊戲」，幫助你掌握竅門。如果你覺得羞怯或焦慮，你說不定會認為，伴侶邀請別人過來代表他覺得跟你在一起很無趣，這件事透露了你們的關係「正在冷卻」。接著，你可能感到焦慮又擔心。若你注意到自己是這樣解讀，你可以提出其他的想法和解釋來讓自己安心，以下就是你可以做的事：

花 1、2 分鐘調整到舒緩的呼吸節奏。這能讓你放鬆下來，開始集中精神。

接著，想像你有一個非常理解你的慈悲部分。

再來，肯定你焦慮與憂心的感受。不要對自己說你很愚蠢，或者你不應該這麼覺得，一開始先說：「我會有這種感覺可想而知，因為……」

然後，體認到你的想法和焦慮的情緒有關。所以，這些想法可能並不客觀，而且肯定沒幫助。接下來，請運用你的慈悲觀照，開始用盡全力去思考你有哪些替代性想法。舉例來說，你的伴侶可能比你更熱愛社交，或他想讓你融入他的社交圈裡。伴侶也許想讓你有機會接觸新的人，多培養一點自信。伴侶可能真心想讓你見見那位讓人鍾愛的表親和幾個朋友。把焦

點放在想到其他想法時，能**真正感受到溫暖與理解**。

我們再來看另一種不同的情緒。你可能覺得氣餒又憤恨，心裡冒出這幾句話：「後來才想到要請我。叫我去就是客氣而已。明明知道我碰到別人時會很害羞，這真的很不體貼，是要為難我。」這個時候，你可能覺得也到了先下手為強、把伴侶甩掉的時候了，或者做一點讓對方覺得「不體貼」的事！在你左思右想時，你的情緒一團混亂，胃部緊縮，肌肉緊繃。

那，就讓我們來想一點慈悲思維吧：

一如以往，先肯定並理解你的感受。你會生氣，有沒有可能是因為你覺得受威脅？背後有沒有一定程度的焦慮？你能不能慢下來，不帶著羞愧感去注意這一點？試著自我疼惜，比方說，把溫暖且會接納你的理想慈悲自我帶入心裡。一旦你體認到，當中有些情緒和感受到威脅有關，你的憤怒就是對威脅所產生的反應，那你就可以使用以上講到的一些替代性想法。

但如果你餘怒猶存，請想想一下的觀點：

所有人際關係中都涉及不同觀念、價值觀，每個人想要的也都不一樣。因此，有時候關係中發生衝突，再自然不過了。有些事是你想做、但你的伴侶不想，**反之亦然**。關心別人，有時候代表就算你不特別喜歡，也會跟著去做他們想做的事，因為你知道這對他們來說很重要。因此，當你勇敢面對焦慮，實際上就是在關心自己和伴侶。而關心，會幫助你願意赴會。當然，這不表示你永遠都要「委曲求全」。學著堅定表達自己的

顧慮或不滿，其實也是開放坦誠關係的重點。如果你覺得很害羞或社交焦慮，這對你來說或許很困難，但只要你能盡力做到和善與誠實，一步一步來，總是會有幫助的。

如果你注意到自己反反覆覆地想，可以嘗試把注意力集中在更有幫助的想法上，也可以再度聚焦在「成為慈悲的自己」，並開始去想在這個情境中，要怎麼想以及把心思放在哪裡，才會有幫助。

還有另一種可能會出現的情緒：難過。請記住，人可能在同一個時間出現多種情緒。你的焦點可能放在某些想法上，比方說「當然啦，伴侶對我其實沒那麼有興趣。不管有沒有正式交往，我都很無趣又格格不入。」突然間，你可能會因為曾真心認為，能和對方白頭到老，而覺得很丟臉。你說不定會想，到頭來，你倆還是行不通。你可能開始翻舊帳，去想以前的談話，尋找對方想要逃離這段關係、但你當時沒有注意到的跡象。你想起你講過的那些聽來很蠢笨的話，你可能會為了任何出了錯的小事自責。到這個時候，羞愧正在把你拉進更深的悲傷。你想要逃離，永遠不再見這個人。如果是這樣，請記住，人類的大腦和情緒會有這種反應，並不是你的錯。

同樣的，你要做的是肯定自己的情緒。在這個情況下，你的情緒是難過。請努力理解並接納你的難過。你的難過，很可能是因為過去你有很多感到被排斥、或受傷害的難受經歷。

有一些「想法」會跟著難過的情緒跑出來：你可能希望伴

侶永遠只想要跟你兩人世界就好了。你也可能因為必須和其他人一起共度這段「兩人時光」，而覺得自己沒那麼重要了。焦慮可能也是難過的一部分，因為焦慮也和過去遭到拒絕有關。

現在，你找出了你的恐懼、憤怒和難過，希望以上建議的練習可以幫上你的忙。且讓我們再來看一些你可能也會有的想法。

比方說，如果你假設伴侶對你已經沒興趣，你可以先檢驗這個想法。現實說不定跟假設差了十萬八千里。事實上，伴侶是希望你融入他的生活圈。所以，也許你的悲傷與這個想法有關：你的焦慮，會讓兩個人無法攜手走一輩子。

同樣的，請承認你的恐懼感，並理解它是因為你感受到威脅才出現的。接著，調整到舒緩的呼吸節奏，並聚焦在你的慈悲自我或形象上。讓自己感受到，你是用善意和支持來面對這種情緒，並不想逃開。在此同時，努力打消愁悶或焦慮的想法，畢竟它們只會讓本來的情緒更強烈。舉例來說，你可以想像自己很好地處理了那個情況。你可能很努力調適焦慮，但至少還是撐過來了。你可以想像自己，打從心底地為自身的努力而開心。請讚美自己的勇氣，因為這並不容易。

你要努力找出，適合你和當下情境的想法與想像。一旦你明白，威脅導向的想法，只會讓你出現更多因應威脅的情緒；從慈悲出發的渴望與努力，則會讓你更勇於投入與應對，你就能成為自己的引路人與明師。那份想要善待自己的心念，能幫

助你轉念。你會培養出客觀的智慧，在處理害羞和社交焦慮的想法中成長，不讓害羞嚴重影響、甚至荒廢你的人生。

情境練習　感覺到威脅時，如何轉念？

寫下你對友誼或戀愛關係很沒安全感的情形：

_____

我焦慮的部分認為：

_____

「我會有焦慮感，是可以理解的。因為……」

_____

我憤怒的部分認為：

_____

「我會這麼生氣，是可以理解的。因為……」

_____

我難過的部分認為：

_____

「我會覺得難過，是可以理解的。因為……」

_____

我可以放鬆下來，誠實面對自己，而且不感到羞愧。我會疼惜自己，好好想著溫暖、又接納我的理想慈悲自我。

慈悲自我認為：

現在，想像自己很好地處理了那個情況。你可能很努力調適焦慮，但至少還是撐過來了。你可以想像自己，打從心底地為自身的努力而開心。請讚美自己的勇氣，因為這並不容易。

你會說什麼話來讚美自己，認可自己的勇氣？

對自己承諾，在接下來的幾天，你會把這個練習，用在一個很有挑戰性的場合。「我答應自己會……」

關注想法，「看見」自己的感受

之前，有討論一些關於「觀照想法、帶著慈悲轉念」的基本概念，現在就來深入探討。

正因為人的想法隨時隨地、突然就會變化（之前提過，在正念中，這叫做「猴子心思」），而且我們也很容易陷在情緒漩

渦，所以可以簡單地透過觀察想法、感受與行為，讓「新腦」助我們一臂之力。研究也指出，「自我觀照」是我們可以善用的最重要工具之一。畢竟，如果無法察覺自己的所想、所感與所為，就無法有所轉變。但一旦懂得覺察，就有很大的機會可以成功改變。

首先，你可以隨意找一天，觀察想法和情緒的來來去去。等哪天你因為很怕生、對赴約感到煩惱時；或你不斷想著那些不如預期的事情，希望結果有所不同時，再試試看這個練習。記得帶著善意和慈悲，去觀察思緒的流動，用舒緩的節奏呼吸。看看當你注意到這些想法時，激發的是什麼情緒調節系統（威脅／保護、驅動／興奮、安撫／滿足）。

你可以做些事來幫助自己：

- 調好手錶或設定手機鬧鐘，讓它們不定時發出通知。如果可以的話，每小時可以練習不只一次（當然，你可以在開會、或不想被打擾時，把通知關掉）。通知聲一響起，你就把注意力轉向你的想法、感受和身體感官，做個幾秒鐘，然後再把覺察帶回當下。[6]如果你喜歡一些小工具，有很多 App 很好用。像是：可以錄音的 Voice Memos，各種正念應用程式以及像 Breathe、Buddhify 和 Nature Sounds 等應用程式。我在輔導、主持青少年害羞團體治療時，會使用手持裝置，我們覺得很有幫助。

- 如果你的日記或筆記本太大的話，我認為在衣服口袋、皮包或背包裡放小本子很有用。你可以在想法出現時隨時寫下來。書店有很漂亮的小本子，還有掛繩，你也可以選喜歡的顏色或設計。當發生什麼事意外觸動你的害羞情緒、或你對某個事件產生強烈的感受，有個小本子在手邊很有用。寫下你的反應，能讓你在當下平靜下來，也有助於你更深入理解自己和那些下意識的反應。
- 你也可以使用錄音機，對著機器把想法講出來。
- 有些人喜歡用明信片。

> **情境練習　觀察自己的想法和情緒**
>
> 　　用舒緩的節奏呼吸，注意看看你的哪些情緒和大腦系統受到刺激。當你在注意想法時，看看是威脅／保護、驅動／興奮，還是安撫／滿足系統在運作。
>
> 　　寫下當下在運作的情緒和大腦系統，例如：恐懼；一點點興奮和希望；因為錯失機會而覺得難過和沮喪；因為懂得安撫自己、並繼續嘗試新事物而感到安慰：
>
> _____

想像一下，你在訪問自己……

　　想像你是一名「旁觀者」，正在採訪自己。回到剛剛的伴侶邀了表親參加晚間派對的例子，這個「旁觀的你」可以用溫暖柔和的語氣提問：「你看起來很難過。可以多說一點你在想什麼、有什麼感覺嗎？」真實的你可能會回答：「我現在覺得又羞怯又焦慮，身體很緊繃。我開始擔心另一半是不是對我沒興趣了，甚至根本沒有把我放在心上。我在想我可能會錯意，他也許根本沒有這麼喜歡我，現在正試著委婉地拉開距離，讓我失望。我懷疑外界已有傳聞，我想這位表親可能對於我們的關係有負面影響。我只想逃離這一切，我或許會跟他們說我不去了。」

　　現在，看看這個「旁觀的你」能否用溫暖、關懷又明智的方式，訪談「正在經歷的你」，聊聊那個情況下浮現的任何想法和感受。而「旁觀的你」要特別留心回應的方式，像是要說：「可以理解你有這種感覺，因為……」如果「正在經歷的你」注意到出現了新念頭、或者先前沒提到的想法，好好觀察它們也會有所幫助。

　　一開始請先花 1、2 分鐘做舒緩的呼吸，並想像你的理想慈悲形象，然後花幾分鐘溫柔誠摯地訪談自己。如果「正在經歷的你」覺得憤怒，請告訴溫柔的旁觀者（這指的是「旁觀的你」，或是能帶來正能量的其他人）你的憤怒，與焦慮和威脅

感之間有何關聯。

　　本項練習幫助你覺察當下的想法，以及這些想法和你的感官與情緒、幻想和與想像之間，有什麼關係。你也會注意到你的大腦是不是在某些情境下，會特別胡思亂想與反應過度。

給自己，最溫柔的傾聽

　　觀察過程中，你沒有要試著改變什麼，只要注意自己有什麼反應就好。這項聚焦在慈悲的練習，好處在於此時此刻不用去質疑想法正不正確、有無幫助，只要用善意、溫暖和溫柔的態度抱持好奇心就好。用關心溫柔來觀照你的想法。想像理想慈悲形象，或是好朋友、治療師（任何真正對你感興趣、非常關心你的人都可以），在傾聽你的想法。你不會嚇到這些人。他們知道很多人都有類似的想法和情緒，任何人都不例外。你的工作，就是盡可能清楚描述你的身心發生了什麼事。

　　花 1、2 分鐘做舒緩的呼吸，然後想想最近一次你覺得害羞或社交焦慮的情況。現在，你可能覺得有點自責或羞愧。同樣的，此時此刻不用去質疑想法正不正確、有沒有幫助，只要用善意、溫暖和溫柔的態度，對你這個人抱持好奇心就好。用關心溫柔來觀照你的想法。想像你的理想慈悲形象，用深切的愛與關懷靜靜傾聽。

好好和自己對話

　　當你溫柔關懷地觀照你的想法，且你的理想慈悲形象也帶著關心靜靜傾聽，你注意到什麼？

寫一封體貼的信給自己

　　研究告訴我們，書寫通常對於個人成長和治療都很有幫助。書寫幫助你辨識出人生課題，並把之前沒有注意到的事物連結起來。書寫也幫助你找出，是人都會普遍感受到的威脅。有一個很有用的範例，就是寫信給自己。想一想三種常見的威脅引發的反應，以下是你寫給自己的信裡可能會有的內容：

- **焦慮**：伴侶請別人過來共度夜晚，但我認為這應該是親密的兩人時光。我擔心這代表對方已經對我沒興趣了。有意思的是，這讓我想起高中時，我曾經和某人約會，結果對方沒有告知我，就找了別人來。跟著來的人說他們在學校的舞會看過我，於是就跟著我的約會對象一起來了。每個人看起來都認識彼此，只有我除外。他們整個晚上都勾肩搭背。我感到很不舒服，最後就先走了。

難怪如今我覺得焦慮，難怪我怕別人就這樣離開我，而且根本不在乎我，連講都不想跟我講。

- **憤怒**：伴侶請別人過來共度夜晚，但我認這應該是親密的兩人時光。我在想，來的人是不是比較有趣？相對之下，伴侶認為我配不上他，或是不夠出色。這提醒了我小學時發生的事：朋友為了加入「受歡迎的小圈圈」拋棄了我。後來那個圈子拋棄了這個朋友，大快我心。現在，我不會讓任何人對我做這種事了。我要先下手為強。難怪我現在會因為不想被拋棄，搶在對方前面抽身離開。

- **難過**：伴侶請別人過來共度夜晚，但我認為這應該是親密的兩人時光。這讓我覺得很難受，因為我一直很喜歡跟伴侶相處，也很高興有個人可以好好講講話。我猜我不是很有趣的人。我不像其他人那樣人來瘋，也沒那麼會搭話。我很可能太順從了，只會跟著講，不太會開話題。這讓我想起學生時代的朋友，對方總是主導對話，還有支配我。在他們身邊，我覺得自己好像老鼠一樣，沒什麼人會注意我。難怪我覺得很難過、被忽略。

回想一下你覺得遭受威脅時的情形，試著用以上的格式寫一封給自己的信。

- 焦慮：
- 憤怒：
- 難過：

溫柔與善意，很重要

　　慈悲訓練意味著要用善意和溫柔來做練習，單純去觀照經驗就好。而第 3 章提到的「慈悲環圈」，也提供了我們另一種角度，去看待自己在做的事情。當你花時間理解自己在想什麼，也就表現出真心想要關心自己，敏銳覺察你真正的想法和感受，不去逃避或批判。你能諒解自己的感覺，因為不管是你還是任何人，在這種情境下自然而然都會湧現某種疑慮或苦惱。當你去面對經驗並把它寫下來，就是在耐受情緒；當你給自己時間去思考這些情緒，就是在培養對自己的理解和同理。你坦誠、友善且全心投入，你不批評自己。

　　你可能已經注意到（我就注意到了），我們可以在各處看到想法、幻想和情緒無處不在。我們在特定情境下，都可能出現慣有的焦慮、憤怒和難過。就是因為這樣，我們才鼓勵害羞的案主開始注意自己身上的不同部分、不同的心聲。有些聲音對著我們大叫，有些則比較沉默。當我們因為被批評之類的因素，而啟動威脅系統，通常也會引發焦慮、憤怒、難過等情緒，因為我們不知道該怎麼辦。在此同時，正向情緒系統受到

抑制，我們聽不太清楚正向情緒的聲音。

　　我們心裡還會有很多彼此衝突的顧慮。比方說，我們實際上是如何思考、感受和行動的，以及理想中，我們應該怎麼做、覺得能怎麼做，又是什麼因素讓我們「不敢」那樣做。而把這些內心衝突當成自然又正常的東西，可以幫助我們根據情況，做出合理的決策。一旦我們能退一步觀察、梳理自己的經驗，就可以看清楚自己應對事情的方式。就算那個方法不盡理想，我們仍能予以肯定。

　　以前文的例子來說，可以發現很多事情不是非黑即白，而是有模糊空間的。我們很難看透伴侶的心思，可能性太多了。但你可以化身為暖心的友人，好好疼惜自己。你也可以選擇姑且相信你的伴侶，以關愛對待他。我們可以赴約，和大家共度這個夜晚，看看情況如何。之後，我們也可以主動詢問別人的看法，以確認自己對事情的解讀是否正確，來練習自信表達力。我們可以問問朋友對這段戀情的看法、以及關係會如何發展。在診所，我們說這是在「強化情緒肌肉」。有一群人提供情緒上的支持，會讓事情簡單一點。透過閱讀本書並鍛鍊相關技能，你在面對挑戰時，可以學著去找你的慈悲形象（甚至也可以去找家人朋友），尋求同理、支持與明智的意見。如果你覺得沒辦法去找朋友或家人，治療師也能提供實質的幫助。

人當然不理性，但是……

認知行為治療師一開始會把焦點放在想法是否理性。但在害羞診所裡，我們把重點放在「想法對我們有沒有用，能不能支持我們的努力」。慈悲焦點治療強力肯定我們有權不理性。事實上，人是非常不理性的。人會墜入愛河，用一生生兒育女，開快車，抽菸，暴飲暴食，這些都是我們即使知道不好，還是會去做的事！

那麼，問題就變成：

- 當我們的想法讓威脅保護系統開始運作，這樣是有幫上忙、還是在扯後腿？
- 我們的想法是否會徒增自己的社交焦慮、害羞、羞恥感和悲傷，還是你可以透過觀察思緒的流動，來安撫自己？
- 我們能否善用新腦的能力，把重點放在善意和溫柔、情感支持與鼓勵，以減輕負面感受的威力。

受傷沒關係、傷心沒關係，社交焦慮也沒關係

在範例中，我們肯定了社交焦慮、害羞、憤怒和難過等感受，也認為它們都是可以理解的。同時也注意到，人之所以會

出現特定感受，跟過去的生命經驗有關。而我們能夠同理自己，**肯定**自身感受。這是很重要的技能，因為很多人的原生家庭都把「感覺」（尤其是羞怯以及脆弱的感覺，例如難過和社交焦慮，也許還有羞恥），視為弱點、可悲、愚蠢或錯誤。有些人一輩子都被人說「太敏感」。這導致我們無法肯定自己，只是想方設法不要感覺到社交焦慮、受傷、脆弱、難過、羞愧、憎恨和憤怒。因此，第一項慈悲任務就是對自己說：「不管我感覺到什麼，都沒關係。」情感可能會讓人受傷，或許不討喜，還有，講得現實點，你可能也不會因為有了什麼感覺，就去做什麼事。當你探索其他可能性時，甚至會發現你不一定要有這種感覺。但不管怎麼樣，你都要接納並理解你的感覺。你是凡人，我們都一樣。

情境練習　肯定你的感受

　　請從以下這句話開始，「我有這種感覺是可以理解的，因為……」

現在，花 1、2 分鐘，用舒緩的節奏呼吸。想像你慈悲的部分（可能是你的理想慈悲形象），是很懂你或者很慈悲的朋友。

接著，傾聽、理解並肯定你的感覺。如果注意到你在對自己說這很愚蠢，或者你不應該有這種感覺，請記下你的想法，然後溫柔地把覺察帶回本項練習。

如果覺得合適的話，你也可以把感受寫在印有動人圖片的明信片上，而不是寫在這本書中或筆記本上。給自己一點時間，找出最合適的做法吧！

一旦你覺得可以接納自己的感覺，或者你已經開始接納，你可能想要往下做其他練習。如果你覺得很痛苦，這完全是可以理解的，因為你在敞開自己，去面對過去一直壓抑或逃避的情緒。這些情緒力道很強。如果感覺太強烈，先暫停下來，停筆在目前為止所寫的內容就好，然後停止練習。你可以之後再回來做。這是一個需要花時間完成的過程。

重點整理

在本章中，我們聚焦在慈悲思維的其中一個面向：思考和推論。我們也看到了，儘管新腦有能力進行複雜思考，但一旦舊哺乳類腦的威脅保護系統取得主導權，反而會引發反芻思考，陷入難以打破的惡性循環。而愈是去想自己的社交焦慮、

寂寞與悲傷或憤怒的感受，就愈是沮喪。

當你停下來，並且去注意自己的想法、感覺和身體感官，就能專心覺察不同的想法如何出現、如何互動。觀察時，你會看到你的心情隨著時間不斷變化，某些特定的事件、身體狀態和情緒，會觸發某些類型的思緒，比方說羞怯和易怒。

看到你的想法快速流動，就好比水面上的落葉，你可以觀察自己的想法但又不陷進去，也不要把想法當成絕對、固定不變的現實。

你不是在試著強迫自己放棄什麼。要放棄只會讓你更焦慮。當你逐漸發展出新思維與行動，你隨時都可以回到舊模式。

你注意到了哪些想法，但沒有深陷其中？你緩解了哪些生理狀態與情緒？

_____

如果以 0 到 10 來衡量（0 代表毫無緩解，10 代表完全緩解），你覺得緩解的程度是？

_____

在下一章，我們要探討更多培養慈悲思維的方法。

第 **7** 章

讓害羞和社交焦慮，
重新回到平衡

即使人生常有許多難題，我們——包括你，都努力做到最好。你可能努力克服害羞和社交焦慮（還有不時出現的羞恥感），並一邊培養慈悲心，好好平衡自己的想法。要做到這樣需要付出很多努力，我希望你記下自己的進步。而你在嘗試書中的練習時，我也希望你有注意到，哪些練習更適合你。本章要為你介紹更多的練習選項。

我們會練習更多培養慈悲思維的方法，用轉念來取代威脅導向的想法，找回平衡。同時，發揮我們的長處與能力，繼續成長。另一方面，我們也要注意，是什麼阻礙了你培養慈悲思維，並做更多的書寫練習。

把想法和情緒，當成「理論」來驗證

讓我們回到第 6 章的範例。你在和一位可能成為終生伴侶的人培養感情，期待兩人共度美好時光。接著，你發現伴侶也請了別人。這引起了焦慮、難過及／或憤怒的感覺。你說不定認為，這位可能的伴侶在拉開兩人之間的距離，或是對這份感情變了心。

身為社交適能訓練治療者與團體治療主持人，我會從幫助你挑戰自己的想法開始，問一問這些想法此時此刻對你有沒有幫助。我也會問一些別的問題，如「伴侶的行為必然表示要拉開與你的距離嗎？有沒有其他理由可以解釋對方的行為？」

我們會傾聽你想到的任何解釋，並且敦促你多想一點可能性。有沒有可能，伴侶希望你認識他生命中很重要的人，也覺得你們會喜歡彼此？或者，伴侶覺得和你愈來愈親密，所以他們才這麼做？就算伴侶真的是要拉開距離，難道這一定就代表你不夠好，或者你就不能再去找別人、跟別人在一起嗎？你以前也處理過類似的情境。

有時候，可以把自己的想法和情緒當成理論來驗證。[1] 我們可以問：這些想法和情緒有沒有幫助？會不會激勵我們主動交流？能不能告訴別人我們在想什麼、有什麼感覺？我們可以檢視說給自己聽的話，並問：「我們會對為羞怯所苦的好朋友說這種話嗎？」我們想找替代性想法，是因為這些想法能幫助我們平衡心智、創造幸福並成長茁壯。我們不希望被舊哺乳類腦的恐懼和迷信牽著走，我們希望有選擇。慈悲訓練便以這些立場為基礎，同時強調要抱持善意與諒解，除了在理智上認可我們找到的替代性想法之外，也要在感性面真正感覺到，這些是能支持自己的想法。

帶著慈悲與關心，問問自己⋯⋯

我們能不能用溫暖、善意、溫柔與關心來問自己問題，並找到替代性想法？做這個練習時，我們不使用前文的「伴侶邀了別人參加你們的約會」的例子，而是去想會引發你社交焦慮

和嚴重害羞的生活場景。正因為那些挑戰都是很個人的，我們在練習帶著慈悲心去提問時，也可以更深入地理解該技巧，找到最適合自己的應用方式。

做練習時，看看你能否以溫柔、善意和慈悲，來傾聽你心裡的問題。或許你能想像，問問題的是朋友、理想慈悲自我、最好的正能量好友，或是理想中的治療師。請帶著慈悲的表情與溫柔的微笑，深呼吸幾分鐘，感受到安撫的節奏。

現在，想著會引發你社交焦慮或極度害怕的情景。在筆記本或日記上，寫下你想到的任何想法。

接下來，你可以從以下問題中，挑出最適合你的情況的，並在空白處寫下相關的細節：

- 我能確定 _____嗎？
- 是不是就等於或會導致_____？
- 真的發生_____的機率有多高？
- 就算_____，他（她）的意見代表每一個人也都有同樣的想法嗎？
- 這是唯一_____的機會嗎？
- 可能出現的最糟糕情況是什麼？那有多糟？
- 我以前有處理過。我真的確定自己現在應付不來嗎？

寫下你的答案：_____

回答這些問題時，你可能注意到自己的說法是：「嗯，不，但是……」如果是這樣，你只需要體認當人覺得社交焦慮、恐懼、受傷或被激怒時，就會出現你心裡的這些想法，就好了。注意這些想法，然後溫柔地把自己帶回練習上。

你眼中的「事實」，真的是事實嗎？

現在，讓我們回到之前的範例（潛在伴侶邀了別人參加你們的約會），持續感受這項練習。

我們在第 6 章裡看到，不管是嚴重害羞引發的恐懼，還是我們對自己說有這種感覺很蠢，重點是不要去對抗。除了集中注意力並思考替代性想法，同時也要竭盡所能去肯定自己的感覺。所以，回來思考這個例子，當潛在伴侶請別人過來，加入你希望是兩人世界的場合，你可以問：

- 如果我的心態不同的話，要是我很開心放鬆，我會如何看待這個情況？

- 我會有這些想法，是因為這些想法要保護我，但這些想法是對的嗎？

- 雖然我可以從過去找到一些證據，但在這個情況中，有

哪些證據支持我的觀點？

- 伴侶邀請別人，還有哪些可能理由？在這當中，有比我擔心的更合理、可能性更高的理由嗎？

其他或許也可幫助你的問題：

- 我確定伴侶正在拉開和我的距離嗎？

- 邀請別人過來，就等於或會導致伴侶離開我嗎？

- 伴侶要離開我的可能性有多高？

- 就算伴侶不想再親近我，對方的想法代表每一個人也都有同樣的想法嗎？

- 這是唯一發展出親密關係的機會嗎？

- 可能出現的最糟糕情況是什麼？那有多糟？

我們可以聚焦在思考不同的面向，問自己不同的問題。比方說，我們可以運用艾里斯提出的原則。第 6 章提過，艾里斯指出，很多人會訴諸「絕對」的思維。他們對於自己與其他人「應該如何」、「必須如何」，都要一套「規矩」。此外，有些人認為，某些感覺難以忍受，因此不該冒相關的風險。所以說，在問問題時，要把焦點放在發揮我們的能力，以平衡讓人害怕、覺得自己不得體的想法。我們也可以採用慈悲的立場，從伴侶的觀點來想事情。還有，在問問題時，可以試著溫柔地去找出，是哪些因素讓我們無法真正地去接受替代性想法與可能性。以下四個簡單的練習，能讓你知道從不同角度可以問哪些問題。

問問自己，你是「必須狂」嗎？

- 如果伴侶真的要離開我，我會說這種事完全不可接受，我受不了嗎？我已經碰過幾次挫折，也失望過好幾次，但都撐過來了。世界上不是只有我一個人會遭遇這種事。

- 我是在說別人「一定怎麼樣」或「一定不能怎麼樣」，不願意接受他們跟我們一樣，都是有缺陷的人嗎？他們或許有不一樣的期望和生活方式。我焦慮時，可能陷入了「必須如何」的心理。

- 我是不是規定別人都不應該讓我失望、或者他們做什麼事之前都應該問過我？如果是，這可能不太合理。[2]

練習看見自己的好

- 我以前碰過這類事情，我也撐過來了。這些都是人生的一部分。我通常能在過程中學到一點東西。現在我有慈悲形象當後盾，也在培養用溫暖與理解等慈悲的方式對待自己，以助我一臂之力。
- 我真的相信我應付不來嗎？我是不是常常低估了自己？我真的確定我不能做好打算嗎？
- 如果我想要對相同處境的朋友表達支持，我會說什麼？

- 我希望朋友對我說什麼？我們應該把重點放在哪？

對方版本的故事，是什麼？

- 給我一點時間，去想想伴侶的處境。我們不一樣，在意的事也不一樣。針對要不要邀請別人參加聚會，伴侶的考量點是什麼？

- 萬一他真的不是針對我？若這只是伴侶的行事作風？

你，在害怕什麼？

- 是什麼原因讓我無法信任伴侶，不能聽從理智的聲音，去思考不同的可能性？

- 我認為自己確實很害怯，而且已經有一段時間了。有什麼事讓我憂心，因此不敢改變？

- 如果我不那麼害羞，我想要成為怎麼樣的人？

- 有沒有什麼事讓我害怕，使得我有所疑慮，不敢進入親密關係或得到幸福？

- 我是不是擔心進入親密關係之後，伴侶會對我有更多期望，而我可能無法滿足對方更高的期待？

在親密關係中，敏感的心如何安放？

有時候問題相對直接，也有時候相當複雜。害羞診所裡有

一位案主，就稱他為大衛吧，他和一位女子愈來愈親密，這讓他出現了五味雜陳的感受，內心很糾結。他們明顯愈走愈近，但他也注意到兩人的習慣和生活方式有點不一樣。她每天早起晨跑，早上最愛一邊喝咖啡一邊讀報。他則是夜貓子，喜歡睡到自然醒，在很晚的時候去運動。害怕衝突的他，擔心自己勢必得配合她的作息，可是他也不想讓她失望。大衛也很怕對方會要求他「多講一點自己的想法和感覺」，或是「說出對她的不滿與憤怒，不要憋在心裡」。大衛害怕兩人之間發生性關係，因為他的性經驗少之又少，他怕自己會緊張，在床上表現不好。他也很擔心對方會受不了他，不給他機會學習。

在思考這一切的過程中，大衛忽然之間明白了，他是在履行童年的承諾。小時候他下定決心以後都不要靠別人，因為靠別人不安全。別人會讓他失望，甚至直接搞消失。有的人會不理他，或是他跟別人講內心真正的感受時，對方完全沒有反應。他的父母很忙，很努力工作，但似乎沒有精力應付小孩。他的兄姊很好鬥，沒太多時間搭理年紀最小的他。兄姊跟父母一樣，也沒給大衛什麼支持。

大衛還有另一種想法：如果他和誰有了親密關係，就可能得仰賴對方。必須打開心門讓他覺得憤怒又害怕。這兩種感覺，再加上有可能失望，都讓他覺得可怕。恐懼讓他害怕，因為他認為恐懼代表他很軟弱。憤怒讓他害怕，因為他怕自己會攻擊、傷害對方。實際上，大衛一直性情沉穩，對別人（包括

團體治療的成員）來說，也是很可靠的人，他很清楚這些特質對他來說意義重大。因此，對他來說，要理解以下這些事情並不困難：以他的生活經歷和人格特質來說，他會出現那些感受非常正常；多數人在踏入新的關係時，也會有類似的顧慮；團體治療的成員也有相同的感受；而生命中總會出現幾個人，他們相信，能夠給予大衛支持，意義很重大。如果大家能一起解決問題，那會很有趣，也能帶來力量，更有助於他在人生不同面向上，不再那麼害羞。

大衛也明白，他現在正在交往的這名女子，對她的朋友和家人來說，是很可靠的人。他決定要投身經營這份關係，和她聊聊他們之間的差異，並告訴她要發生性關係讓他覺得很緊張。他發現，她也很煩惱，不知如何在親密關係裡自處，也害怕被辜負或拋棄。討論各自的顧慮幫助他們兩人明白，在關係愈來愈深入的過程中，這些想法和感受都很正常。他們兩人都感到輕鬆一些，他也開始享受這份戀情，那是過去他跟誰都做不到的。大衛還是會因為恐懼困住他這麼久而覺得難過，但他現在比較會笑了。他也漸漸能把恐懼詮釋成興奮，還帶著一絲愉悅。

用書寫，來整理身心

你有沒有注意到，寫下想法可以幫助你用不同的角度檢

視？不管是講出來或在心裡想，相較之下，書寫可以動用到不同腦區。這項練習讓你知道，用書面整理想法可能有助於找出慈悲的替性性想法。

在筆記本或日記上騰出一頁，分成兩欄。左欄逐一寫下讓你難過的想法以及你最大的恐懼。在另一欄，針對左欄的每一項，寫出你的替代性想法與其他可能性。如果你把這些心得放在筆記本或日記裡，查閱起來就很方便。你也可以放進文件夾中，或許夾著你認為可以讓你平靜、或有啟發性的照片或雜誌圖片。或者，你也可以寫在明信片上，隨身攜帶。以下這個害羞想法和慈悲的替代性想法的範例集，可以給你初步的指引。

害羞的想法	慈悲的替代性想法
我一定有問題，才會這麼害羞。	雖然害羞讓人不愉快，但並沒有不正常。請記住，僅有 1.3％的説他們從未感覺害羞，一些傑出的領導者和受人尊敬的人也很羞怯。害羞是一種很普遍的情緒，和大腦的演化有關。所以，感到害羞是人生的一部分，並不是我做錯什麼。當我學著用慈悲來思考，我就有更多的心理空間，去克服害羞。
我很無趣，和我交談不值得。	才不是，我有很多有趣的東西可説。只是，當我感到社交焦慮與侷促不安時，我會分心，把焦點轉向自己身上，因此難以把話説出口。如果我能善待自己，一步一步來，我也可以好好聊天。

到一個新環境時,我想不到該說什麼。	這可以理解,因為焦慮會讓我把重點放在威脅導向的想法上,這會讓我分心。我可能太過努力想讓別人嘆服,逼自己不要只聊一些日常的話題。我可以問跟對方有關的問題,看看我們有哪些共通點,當作聊天話題。焦點不需要一直都放在我身上。我可以沉默但微笑,表現出很友善的樣子,並對他人感到好奇。(研究顯示,如果人看到另一個人明顯表現出社交焦慮時,但用溫暖的態度去接近他,對方通常也會有很好的反應,不會因為社交焦慮而不顧人情。)
如果我邀請別人出去,但對方回絕,我會受不了。	的確,受到拒絕會讓人覺得失望又難過,但你不會真的「受不了」。學著如何承受與耐受感覺會對我有幫助,因為這樣一來我就不會這麼害怕了。畢竟,我只需要跟一個人出去,如果十個人裡有九個會拒絕我,這表示我只要問十個人就好了!
但只有我被拒絕。	我和朋友聊天時,他們也會講到其他人不想跟他們出去的事,或者他們失敗的戀情。這是人生的一部分,沒有什麼不正常,也不會「只發生在我身上」。我可以給自己機會,學著如何應付這些感受,並繼續邀請別人出去。

如果我和別人有歧見,他們會不喜歡我。	沒錯,意見不同時會讓人有情緒,但這並不表示別人不喜歡我。我看過很多彼此有歧見、但仍喜歡且關心對方的例子。因此,我只是覺得他們可能不喜歡我,但我沒有去驗證。要是意見分歧時,別人生氣或躲避我,我可以問他們,是不是我讓他們難過,是什麼原因讓他們難過或避開我。如果他們講的話很有道理,我可以學著改變行為。我也可以觀察當他們和其他人意見不同時,會怎麼做。
	衝突很難面對,但很有益處,我們可以從衝突當中理解彼此,知道面對不同人時可以怎麼樣、不可以怎麼樣。同樣的,學著承受與耐受這些感覺也會很有幫助。如果我認為我很有攻擊性、習慣逃避、陰沉繃個臉,或是很孤僻,我會肯定這些感受,並以善意、但肯定的態度表達歧異。
	我可以去思考,我是不是選擇了和「錯誤」的人相處,比方說很挑剔、一定要爭贏、不喜歡聽到不同意見的人。
要上台簡報,讓我感到很焦慮。	公開演說是人最常見的恐懼。我常認為事情會很糟糕、會出現各式各樣的問題,而不是覺得事情會很順利,或者至少是還可以的局面。我可能一直都害自己感到很焦慮,也難怪我這麼難受。我可以學習,去注意到哪些時候是我害自己感到焦慮了,並善用舒緩的呼吸節奏,以利我做決定。我可以提醒自己,簡報中講到三個重點就夠了。我可以把心思放在慢慢講,想像自己一步一步完成整場簡報。我可以在家裡的鏡子前面練習,或找朋友來練習。我可以想像,聽眾裡面有些人對於我要講的內容很感興趣,然後聚焦在他們身上。因此,當我注意到自己的心思轉向焦慮,開始預言這會成為一場大災難時,我可以溫柔地注意到這一點,然後帶著善意,把焦點放在能提供支持、調適性的想法上。

週末結束回去上班時,其他人都會講起他們做了哪些有意思的事。但我沒有什麼好分享的,他們會認為我很無聊。	人有時候會有一些有趣的經驗,但如果我有仔細聽的話,就會知道這並不是常態。與其把焦點放在自己身上,我可以關注別人,從他們分享的內容當中得到樂趣。我可以看看是不是忌妒心作祟,使得我無法由衷替他們高興、聽他們暢所欲言自己的趣事。當然,覺得忌妒是可以理解的,那不是我的錯。所以,要因應這種事,意味著我要對他人抱持好奇心。我甚至可以從中找到一些週末活動的靈感!不管怎麼樣,人常常都會閒聊一些瑣碎又不重要的事,這完全是可以接受的。
我有時候會有一些很激進、或很可怕的感受,我敢說別人不會這樣。我不能讓別人知道我有這些感覺。	人的大腦經過數百萬年的演化,其中許多機制並不是我們設計的。事實上,有些人會寫下他們的感覺與幻想,靠著小說或恐怖故事賺大錢。雖然這些感覺讓人不快,但我不會因此就是「有問題」的人。畢竟,每個人都有私下不為人知的一面。更重要的是,我很努力想要疼惜自己,關懷他人,並成為一個有用的人。

　　這些只是供你參考的想法。請寫下你個人的擔憂,並想像你的慈悲自我或慈悲形象在和你聊,幫助你用慈悲與自我調適的角度來看待眼前的挑戰。慢慢的,你會學到不要貶低自己,同時也更能積極面對棘手的情況與情緒。

　　重點是,請盡你所能,帶著最深的慈悲來轉念。寫完害羞想法和慈悲的替代性想法之後,仔細看看你在右欄寫下的意見,輪流讀每一條,跟隨你的舒緩呼吸節奏,慢慢讀,注入善意與理解。不要擔心你是不是真的**相信**這些替代性想法,只要

懷著善意，仔細琢磨、深刻體會它們就好。看看當你細細揣摩時會怎麼樣，請把注意力放在字裡行間的溫情善意，以及真誠的助人渴望。當然，你可能也會想出其他更有幫助的替代性想法。

<table>
<tr><td>情境
練習</td><td>寫下來，感受自己一步步好轉</td></tr>
</table>

你有注意到，當你把害羞的想法寫下來時，有什麼感覺嗎？

_____

聚焦在替代性想法，讓你有什麼感覺？

_____

打造你專屬的「慈悲療心卡」

如果你有想到什麼念頭，對你很有幫助，可以試試看這個練習。找一張上頭的圖案很療癒、或充滿愛的明信片或卡片。接著，在卡片上，寫下你如何帶著慈悲，來調適想法。花幾分鐘，帶著善意好好讀一遍。你可以隨身攜帶這張專屬的「慈悲療心卡」。在你焦慮到很不舒服時，拿出來讀。記住，請帶著

支持、理解與善意，來讀這些替代性想法。

> **情境練習　把你的心，放在慈悲的地方**
>
> 你覺得這個練習怎麼樣？
>
> _____
>
> 你認為這項練習的好處是什麼？
>
> _____

讓自己變得更好，不必有罪惡感

　　除了努力克服有問題的害羞，我們也在學著觀察和觀照自己，以找出替代性想法。而轉念的技巧包含，試著去修正你熟悉、但無益的思維與行為。但要注意，「帶著慈悲修正自己」跟「無濟於事的自我攻擊性批評」截然不同。前者是溫柔、支持、耐心地引導自己，掌握真正管用的生活態度和行事方式。相反的，後者只會讓人陷入羞恥和羞辱當中。而目前的理論、研究與實務見解也指出，羞恥、內疚（guilt）與羞辱（humiliation）之間也大不相同。

- 感到**內疚**時，我們把焦點放在自己對別人的傷害上。我們對自己的行為感到難過和痛悔，對於另一個人的痛苦感到同情同理。我們試著站在別人的立場，從他們的觀點看待傷痛。同時，為自己的行為道歉，並盡可能去修補。

- 覺得**羞恥**時，我們把焦點放在可能有損個人聲譽，以及要用什麼立場來面對自己和他人。我們覺得非常焦慮，有時也會感到無力、困惑、空虛，還會生自己的氣。然後想著「別人會指責我們很不好、無能或邪惡」。我們會退縮，只想著要討好別人，並想要逃跑或躲起來。我們會語帶辯解地否認做過的事，試著逃避責任。要是羞恥感很強烈，甚至會在情緒上或生理上傷害自己。

- 覺得**羞辱**時，我們會責怪對方，認為是別人導致我們受傷。我們非常生氣，希望得到正義並進行報復。我們想著別人的不公，還有對方如何傷害我們，並嚴厲地批判他們。我們的行為聚焦在「要名正言順地為自己討公道」。

你可以看到，當我們啟動威脅／自我保護系統，就會在當中看到極端的羞愧與羞辱。系統想要保護我們，於是強化了恐懼、焦慮和痛苦。另一方面，人往往是為了過去的錯誤或過失，而陷入深深的羞恥，並攻擊、責備與懲罰自己。我們用鄙

視、憤怒、沮喪和失望，來對待自己。一心只想著自己哪裡有問題，深怕別人會發現。而這種羞恥感會讓當事人的自我觀感變很差，覺得自己整個人都不好，認為自己有許多缺點、毫無用處。所以會變得退縮，只想逃離人群。我們感到害怕，心往下沉，情緒低落，但有時又會咄咄逼人。另一方面，如果除了羞恥，還覺得受到羞辱，我們就會憤怒，反覆想著自認受到的傷害。

相反的，內疚則與安撫和關懷系統有關，它會促使我們道歉並安撫、滿足對方，讓他們感受到「和我們在一起很安全」。我們對於自己做錯的事感到愧疚，覺得難過痛悔，希望事情有轉圜餘地。

而「帶著慈悲修正自己」，會讓人把心力放在「改進的渴望」以及「情緒上的成長」。我們會去想下一次要怎樣做才會更好，因此會鼓勵、善待自己。我們努力去看到自己表現好的方面，並以此為基礎繼續成長。我們把焦點放在想要改掉的個性與特質上。這股想要成功的渴望，讓我們一心想著要不斷努力、持續學習。我們學到了要友善、毫不猶豫地處理掉內疚感，努力讓自己變得更好，但不要羞辱自己或讓自己感到羞恥。

自我疼惜，你一輩子都能帶著走的能力

當你犯了錯或碰上挫折，或者覺得羞愧時，以下的範例和練習可以幫助你。想像一個孩子正在學習，他學得很辛苦，一直犯錯。一位嚴苛挑剔的老師把重點放在錯誤上，指出不對的地方，而且聽起來很生氣。對孩子來說，這意味著他不專心或應該更努力。老師會有這些行為，是認為恐懼和羞辱會激勵小孩做得更好。

另一方面，溫柔有愛的老師會肯定學新東西很困難。這位老師會把重點放在孩子表現好的部分，並在此基礎上更進一步地發展他的優點。老師會讚美孩子的努力，試著找出他卡關的地方，並提供明確的回饋意見，告訴孩子該如何改進。溫柔有愛的老師會營造出支持、友善的學習氣氛，給學生機會練習，並把犯錯當成學習的正常過程。

> **情境練習**
>
> ## 你腦中的老師，是嚴厲還是溫柔？
>
> 你腦中住著什麼樣的「老師」？
>
> _____
>
> 當你犯錯或遭遇挫折時，你會對自己說什麼？
>
> _____

注意一下，當你犯錯或是碰到挫折，會不會檢討自己。只要去覺察就好，然後每次都把重心放在「帶著慈悲修正自己」。這能讓你漸漸不再羞辱自己（羞辱是有毒的，只會讓人失去鬥志），而是帶著愛的能量去改正自己。一步一步來，讓自我疼惜成為你一輩子都能帶著走的能力。

自我修正的方式對了，你就不會這麼痛苦

　　假設有一位女士，姑且稱她莎拉。莎拉參與了公司裡的一個大案子，她負責做簡報，摘要說明專案成果。做事很努力的她，對於要在這麼重要場合中，代表團隊在滿滿都是人的會議室裡站起來發言，感到非常焦慮。簡報當天早上，緊張不已的她出門時忘了帶最新的講義。她昨天晚上為了再做一次檢查，特地從辦公室把講義帶回來。因為這個疏忽，她分心了，無法發揮應有實力，做出一場強而有力的簡報。

　　你可以在以下表格看到，左方欄是莎拉自動出現的自我檢討想法，右方欄則是與「帶著慈悲去修正自己」有關的替代性想法。

基於羞恥感的自我攻擊	帶著慈悲修正自己
大家都很失望也很沮喪,他們認為我無法勝任這份工作。我不夠有自信,太容易慌亂。	我會有這種感覺可以理解,因為我只有在別人肯定我、不生我的氣時,才覺得安全。我在家和在學校都覺得很寂寞。這個案子我做得很好,其他人也清楚。主管上個星期還讚美我。有些人在簡報之後還給了我肯定,説他們自己也會忘東忘西。我也講出了大部分重點。下一次,我會在前一天晚上把所有東西都放在門邊,並且重複確認,確定我帶了最新的資料和筆記。
我的工作小組不希望我留在團隊裡,他們想找別人。	這個案子可以帶來很高的能見度,但壓力也很大。其他的團隊成員也很緊張,也會犯錯,但沒人叫他們離開。我已經盡力做到最好,也非常努力。
我根本連試都不該試。我不夠好。	我會有這種感覺可以理解。而覺得「不夠好」,跟過去父母用冷漠和批評的態度對我有關。對現在我的來説,「不夠好」不是真的。我很高興我嘗試了,這顯露出我的勇氣和堅持,也代表未來我很有可能達成目標。
我是失敗者,永遠都會是局外人。	同樣可以理解。我在人生中常常感到寂寞,但我有支持我的團隊和人際關係。我對自己感到的挫折和憤怒,是專案壓力的一部分。

我看到我那對愛批評的父母說：「妳以為妳是誰啊？我跟妳說過，妳做不來。」	我知道這幅畫面真的傷了我，而且向來如此，但現在我不要任憑這影響我了。我可以去找信任的人，和這些人在一起時，我可以勇敢講出我的感受，他們會給我坦誠且有用的意見。我可以為了忘記帶東西道歉。我之前就道過歉，道歉有用。我也需要跟工作小組多聊一點。我也許該做一點會讓人開心的活動。我一直努力工作，忽略了自己。
• 羞恥、逃避、恐懼。 • 沮喪、低落。 • 對自己感到憤怒、有敵意。	• 良心不安、願意承擔。 • 難過、歉意。 • 彌補過失。

你可以從這個範例看到，左欄的批評會讓人感到羞恥、恐懼和逃避，莎拉會對自己感到憤怒、有敵意。相較之下，如果犯錯的莎拉採納右欄的慈悲建議，她會感到適度的歉意，也能和受到波及的人溝通，並且冷靜思考下一次如何做得更好。

看過這個例子後，想想看你能不能針對自己的人生經歷，列出類似的表格。請確定要：

- 肯定並理解自己的感覺；
- 聚焦在自己的優點和好的經驗上；
- 找到支持自己的替代性想法；
- 思考你在慈悲的自我支持之下，具體想要改變的行為。

向內在找碴鬼說「不」！

除了安撫自己之外，慈悲也包括要勇敢反擊內心的羞辱者。一開始，先想像你的內在批評者。它的外型如何？是不是人類？有沒有表情？有哪些情緒朝你而來？

現在，想像你的明智慈悲自我、或是你眼中的慈愛智者。花幾分鐘，融入這個角色中。接著，想像你抬起頭來面對羞辱你的批評者。你要說一些話，例如：「我很抱歉你很難過又覺得很脆弱，想要破口大罵。但這不適當，也沒有用。現在換我主導。」

寫下向來大力批評你、或是某種程度上導致你養成自我批判習慣者的姓名，是個好點子。想一想他們是怎麼想的、有什麼感受，他們心裡是不是真的為了你好。如果不是，請寫完以下這個句子：「我不認為你心裡是為了我好，因為……」或者，你會想要寫一封信，給最雞蛋裡挑骨頭的那個人，告訴對方你不認為他們是為你好。所以，你現在要拒絕他們的批評。你可以之後再決定要不要寄出去。就算你不寄，把你的想法和感覺白紙黑字寫下來，或許也可以幫助你深入了解內心的批評聲浪。

　　而一項以慈悲心訓練為基礎的研究，也納入了類似的練習。研究要參與者想像一個「有自信、能抵抗、具韌性的形象」，一個當他們面對內在批評的攻擊或不當對待時，會為他們挺身而出的形象。這個形象強壯、理性、堅強又有自信。之後，他們要寫一封信，信中反映出他們強大、「打不垮」的信心：能勇敢果斷地展開反擊，以理性、堅韌和零容忍的態度，迎戰惡意不公的對待。之後，他們會寫下五句話回敬自我批判，一天大聲念三次，連續念十四天。兩個星期後，參與者（這些人飽受青春痘困擾）發現，他們不僅改善了皮膚的問題，憂鬱和羞愧程度也降低了。而這種「抵抗抨擊」的練習，對緩和自我批判導致的憂鬱，特別有效。[3]

魔鏡，魔鏡，原來你有驚人的療癒效果

　　人感到極度害羞時，會去想像他人眼中的自己。但往往是朝很負面的方向去想，扭曲了真實情形。我們對自己挑三揀四，尋找任何不完美或有缺陷的地方，把小問題無限放大。而為了幫助害羞的案主形成更符合現實、不那麼偏頗的自我認知，在團體治療中，我們會請個案在鏡子前發表簡報，注意自己臉紅的反應，看看自己如何與人應對進退。聽起來或許有點矛盾，但這項練習中包含了要看到自己臉紅並感受到不自信。事實上，我認為用更符合現實的角度看待自己很重要，因此我在團體治療室裡做了整面牆的鏡子。案主可以去看看自己的表現如何，鏡子也可以幫助他們聚焦在自己的想法和感受上，然後與他們從鏡子裡看到的做比較。研究指出，鏡子有助於我們覺察內心的想法與感受。也有另一項研究指出，當我們真的不認同大多數人的意見，如果能從鏡子裡看到自己，比較不會刻意大聲附和（與看不見自己時相比）。[4]

　　我們跟鏡中的自己講話時，會看到完整的自己，不會只有一部分的外表特徵、或特定舉止等等。換言之，看到自己可以幫助你修正與平衡你的威脅導向自我想法。我有一位案主很怕臉紅，他在重要的商業會議上，常覺得自己臉太紅。他深信，看到他臉紅的人會批評他，也會更看不起他。當我建議利用鏡子練習，他嚇呆了。他絕對不想看著自己臉紅，他認為這會讓

他覺得更糟糕。然而，他最終還是決定試試看。他以更新手邊管理的專案進度為題，做一場簡短簡報，就站在離鏡子幾公尺處演練。等他做完簡報轉過來面對我時，他大為驚訝，但也鬆了一口氣。「我看起來沒有想像中那麼糟糕。」他說，「我看得到自己臉紅，但我發現這沒什麼好挑毛病的，也不認為臉紅是什麼奇怪的事，看來很平常。」

我也建議，當他看到會議中有別人臉紅時好好觀察一下。他發現，他之前根本沒注意到，有些人也跟他一樣，會臉紅。

你也可能想嘗試類似的方法。想像自己擁有理想中的慈悲人物具備的所有特質。感受你溫柔、真誠的表情。當你看向鏡中，對自己講出有益的替代性安撫想法。你在講的時候，盡量展現最大的善意。看看這麼做對你來說有沒有用。如果沒有，那就順其自然。要不然，你也可以等一等，下一次再試試看。

（情境練習）　**透過鏡子，以第三者的觀點看自己**

在鏡子前做練習，是什麼感覺？

_____

你學到什麼？

_____

而在練習上台說話、或有重要的話想說之前與後，做這項「鏡子練習」特別有幫助。如此一來，你就可以感受到理想慈悲自我與你同在。這就像事前與事後有一個友好、溫柔又支持你的朋友在身旁，讓你覺得很自在，可以專注在你想要說的話上。

用兩張椅子，釋放內心的衝突

　　幾十年前，德國精神分析學家佛瑞茲‧波爾斯（Fritz Perls）發展出一個心理治療學派：完形治療法（Gestalt therapy）。[5] 波爾斯相信，若能更敏銳覺察自己的想法和感受，有助於促成改變。還有，如果和你對談的治療師很真誠坦率，而不是躲在中立治療師的角色和面具背後，效果尤佳。波爾斯建議的方法，是在兩張椅子之間調換位置，想像不同角色在對話。而現今許多心理治療學派也很常用這個策略。而慈悲焦點訓練也會運用這些概念和技巧，讓威脅系統和安撫系統能交流。

　　練習前，先找來兩張椅子面對面而放。坐在其中一張椅子上，大聲講出你的憂慮與顧慮。你不用深入鑽研你的感受，因為你感興趣的是你在想什麼。不要花太多時間批評與責備自己，也不用深入探究這些感受。我們的目的，是要強化你的慈悲自我與慈悲感受。

講完你的憂慮後，站起來稍微走一下，舒緩地呼吸。接著，請你慈眉善目、滿面祥和地坐到對面的椅子上。身體稍微前傾，帶著善良的容顏，用溫柔、接納的語氣，表示你真心想理解心中的煩惱和顧慮。坐在那把椅子上，「你」就是慈悲自我，散發出智慧、自信、平靜和善良的光芒。花 1、2 分鐘，沉浸在這段體驗裡。接著，用溫和、友善的語氣，對焦慮的自己說話。

回到第 6 章的例子，你的開場白可能是：「哈囉，害羞、焦慮與憂心忡忡的自我。」試著帶著真心的關懷，溫柔地講話。「我可以理解，你憂心忡忡，想著伴侶在你打算兩人共度的時光邀請別人過來，到底代表什麼意思？這在你意料之外，也讓你想起過往的傷心經驗。我也記得那段經歷。但我沒有忘記，你好好處理了那些狀況，從經驗中學到一些事，並努力打造出更好的人生。在我看來，你很有勇氣和力量，遠遠超過你現在能感知到的。在你心裡，你知道任何情緒終將平靜下來，你和伴侶之間也很可能沒事。但就算真的有問題，你也可以應付。」

有時候，用別人的例子來做練習很有用，可以讓你從演練當中真正抓到那個感覺。以下有一個你可能會想拿來用的例子。

丹的想法是：「我真的很怕今晚要去參加派對，還得走進人群、並試著對話。我這麼做時，手心會冒汗，我覺得自己在

發抖。我還記得，以前在學校時，我試著去跟一個漂亮的女生講話，結果被嘲笑。我很怕別人會認為我很可笑。」

如果你想要在自己遇到任何事情前先做練習，那就試著給丹一個慈悲的回應。看看你能不能用以下句子來回應丹：

- 我可以理解，你對於今天晚上要跟別人聊天感到很焦慮，因為：

_____

- 我也記得你應付過類似情況，並從中學到東西，那一次是：

_____

- 我注意到，你現在：

_____

- 我認為你比……更有勇氣和力量：

_____

- 很有可能……

_____

- 如果不是這樣，你也可以應付……

_____

以上的例子能幫助你開始這個練習。之後，換你用自己的例子試試看時，也會更有創見，而且更能準確知道哪些訊息對

你有幫助。請小心，不要給自己建議，也不要用「應該」或「不應該」等說法，更別告訴自己**不要有某些感覺**。這些都不是在肯定你的感受。你的目的是要用愛接納自己的感覺，知道這些是可以理解的感受。在此同時，你要慈悲地找到替代性想法，來因應情境。在「慈悲椅」坐久一點，超過坐在「憂慮椅」上的時間，讓你聽到自己的心聲，並以你的慈悲想法為基礎繼續發展成長。當你講出慈悲的替代性想法時，去吸收並感受那些想法。你也可以用「我們」來代替「我」，去體驗和慈悲自我在一起時的連結感和善意。通常，練習時你在兩張椅子上都坐不久，當你想到之前忘記說的事情，或是有什麼新的想法想要跟自己說，你會在兩張椅子之間來來回回。現在，如果你做好準備了，試試看用你自己的例子來練習，從說出讓你擔心的事開始。

- 我可以理解，你對於今天晚上要跟別人聊天感到很焦慮，因為：

- 我也記得你應付過類似情況，並從中學到東西，那一次是：

- 我注意到，你現在：

- 我認為你比……更有勇氣和力量：

- 很有可能……

- 如果不是這樣，你也可以應付……

人生有各種鳥事，幸好……

生活中遇到許多事情，會讓人感覺很煩悶。比方說，諸事不順的同事，對你粗魯又不耐煩；只想單獨跟朋友小酌，沒想到來了一群吵吵鬧鬧的同事；主管要你明天上台簡報；你喜歡卻不熟的對象突然出現在同一家咖啡廳，微笑著向你打招呼，等著你回應。你明明很想更認識他，卻完全說不出話來！

這每一件事都會讓我們陷入焦慮。然而，我們可以把緊張與社交焦慮當成線索，隨時努力重新平衡自己。

就像運動員一樣，練習再練習

花 1 分鐘想像一下，某個人事物讓你很難過。

1. 把注意力轉向觀察你的想法、情緒和感官上。如果可以

的話，化成語言文字講出來，替自己拉開一點距離。

2. 讓自己慢下來。用舒緩的節奏呼吸，聚焦在你的姿勢上。露出淺淺的笑容，放鬆肌肉。想像你就是那個慈悲形象，舉手投足也散發祥和之氣。「我看起來……」

3. 把注意力轉向安撫／滿足系統。你可以想像一下你的平靜撫慰之地，注意到這個地方的感官細節，像是：空氣、色彩、聲音或氣味，讓你可以真正進入此地。想像你的慈悲形象、你自己溫暖平靜的聲音，或是懂你、和善、支持你、鼓勵你的慈悲好朋友。把這些感受融入你心中。

4. 善用這些善意與支持，運用你的慈悲思維和推論，聚焦在不同的面向上，如你的因應之道、優點、勇氣和堅持。你可以想像你會對朋友說的話或做的事。我會說：

5. 你也可以重溫別人曾經善待你、幫助你的回憶，或者你妥善因應類似情況的經驗。

你正把重心從威脅保護系統，轉向正向情緒系統。而要知道什麼方式對你來說最有用，不斷摸索就對了！你的經驗很可

能每一次都不太一樣，但如果你可以每天做本項練習，會很有幫助。當你感覺到有點憂傷時，就是練習的好時候。等到真正的大問題浮現，你就做好準備了。這就好像運動員的體能訓練：如果有按表操課，等到正式比賽，你就準備好迎戰了。

求助，其實是在疼惜自己

但有時，即使有好的安頓身心建議（像是本書提到的內容），事情也棘手到我們無法靠一己之力處理好。舉凡重要的專業或社交場合、上台簡報、遭逢巨變（如喪親或發現外遇）、被霸凌、財務問題或重大疾病，都會加重害羞和社交焦慮的程度，嚴重到即使用盡我們所有心力，也應付不來，還需要靠其他人幫忙。而我們可以練習平衡自己的想法，好好疼惜自我，來增強抗壓能力，讓自己禁得起大風大浪。現在練習慈悲，等人生卡關時就可以幫上忙。還有，慈悲訓練有時候代表要懂得求助，包括專業上的協助。在培養自我疼惜的路上，體認到「痛苦可能強烈到，我們無法切換大腦狀態」，是很重要的一件事。

對別人好一點，對自己也好一點

在本章，我們把重點放在「用慈悲的眼光看待自己」。我們也可以善用相同的技巧，培養出對他人的慈悲。畢竟，人在

害羞、社交焦慮時，很容易陷在自己的擔心和憂慮中。心裡想的只有自己，忘了每個人都會在某個時候覺得害羞與社交焦慮，或是感到難過、失望與挫折。他們需要我們的接納與支持，反之亦然。所以，請以愛為出發點，並在朋友、熟人和你想要認識的人身上，發揮你學到的關懷技巧，這有助於你培養出良好的人際關係。想像一下，如果你深愛的人陷入愁雲慘霧中，你會有什麼感覺？你會怎麼跟他們溝通？你會怎麼幫忙？

> **情境練習**
>
> ## 你如何幫助情緒低潮的朋友？
>
> 我會說，「＿＿＿＿＿＿＿＿＿＿＿＿＿＿＿＿＿＿＿」，
>
> 我可以提供的幫助是：＿＿＿＿＿＿＿＿＿＿＿＿＿。

　　你已經學到如何疼惜自己。現在，你可以把這套方法，用在生活中的其他人身上，而且不僅限於朋友、家人或同事。每個人都想得到幸福，沒有人想要受苦。這也代表所有人都可以發揮慈悲精神，除了對珍愛的人之外，也能展現在陌生人、不喜歡的人，甚至敵人身上。這也是達賴喇嘛一直提醒我們要做的事。試著想像一下，假設你在工作上和某個人起了齟齬，或

是私下和人有衝突。請試試看你能否站在他們的立場，感受他們的想法和心情。舉例來說，如果同事經常粗魯對待你，你或許可以想像他們承受著其他事情的壓力，或者想想他們最近加了多少班。話說回來，不要告訴自己「應該如何」或「必須如何」。這種絕對化思維來自錯誤的情緒系統，不適合現在的情況。還有，如果發現很難用慈悲對待自己或他人，不要為此自責。畢竟，這對誰來說都不容易。

我們同舟共濟，都想盡辦法去應對。

重點整理

我們發展並練習新思維，使大腦建立新連結，藉此鍛鍊慈悲社交適能。

慈悲訓練之所以能讓你的思緒平衡，是因為它意在觸發安撫系統，不要讓威脅／自我保護系統主導。你可以透過相關練習，一次又一次的，讓自己切換到安撫系統狀態。

我們運用「新腦」的理性、智慧和邏輯能力，去調節社交焦慮和令人痛苦的害羞，回到平衡的狀態。我們可以轉個念頭，跳出有害的思考模式，用更有益的角度看世界和自己。

一旦能用愛與關懷來看待「害羞」，你就能更疼惜自己一點，並在蛻變成長的旅程中，愈來愈勇敢。過程中，我們更推動了世界的轉變，讓它成為更有愛的地方。

第 **8** 章

害羞者的
「行為」練習

人類的慈悲行為，是從群居哺乳動物會有的利他與關懷行為演化而來，特別是各種育幼行為。舉例來說，很多哺乳類動物對於嬰兒的痛苦訊號都很敏感，一聽到就會衝過來安撫或是拯救幼體。當然了，不只母親能夠敏銳感知他人的痛苦。事實上，演化讓每個人都能敏銳感受自身與他人的痛苦，並希望能減輕這份苦。而這正是慈悲的基礎。

所以，所謂慈悲的行為就是要**採取行動**，去做意在能幫上忙、鼓舞人與提供支持的事。當自己或他人正面對憂傷或難題之時，特別要這麼做。以慈悲**行事**，代表要用愛與關懷對待自己和別人，以減輕痛苦，讓我們朝向目標邁進。這包括各種意在教導、指引與提點，以及滋養、安撫和保護的行為。因此，慈悲雖然跟關懷自己有關，但無疑地也包括要去挑戰自己、踏出舒適圈，比方說結交新朋友、與已認識的人加深關係、表達自己受傷的感受，或是更有自信一點。這些行為從長遠來看是有益的，只是短期需要勇氣和堅持才能做到。另一方面，慈悲助人不代表就是要「順從」別人。這只會讓人覺得不甘心，或是變得過度討好。慈悲助人時，我們還是可以自信地向他人表達立場，並設定界線。有時人們會覺得，表現慈悲，就是要當個好人，隱藏自己的憤怒與不滿，或者永遠把別人放在第一位。但這是誤解，因為這隱含著「我們不能誠實面對內心真正的想法與感受」。事實正好相反！以慈悲行事，代表要誠實和真誠地對待自己與他人。同時，不去故意傷害別人，並考量他

人的需求與感受。

我們也要用慈悲對待改變與成長時的自己。話說回來，養成新的行事方式時，可能也會發現自己陷入了新的難題：當我們更加果斷、積極抗拒害羞的刻板印象，還是可能無意中做出某些行為，讓人變相在支配你。因此，我們會學習如何避免這種下意識的行為，還有怎麼處理霸凌。

3 大步驟，順利踏出社交的第一步

Step 1：想一想，可以「挑戰」害羞的微小步驟

當心裡有個目標，自然會去想，具體要做什麼才能達成目標。同樣理所當然的是，要從簡單的事開始，按部就班，一步一腳印地完成。舉例來說，如果你希望身體健康，首先，你可能決定要去健身房，然後得到運動建議，逐步掌握正確的健身技巧。

同理適用於克服害羞上。如果害羞到很不自在的地步，通常就會想退縮、遠離人群。這時，我們自然會想著「如何訓練自己走入人群、與人交流」。問題是，當你很怕生、甚至情緒很低落時，就算是讓你不再逃避社交的簡單小事，都顯得很困難。因此，請想想可以「挑戰」你的害羞的微小步驟，並體認到就算你只能做到少部分，那也已經是向前邁進了。當你在想要採取哪些行動時，或許可以思考害羞團體治療中的指引箋

言：「去找有挑戰性或需要費點力的事，但不要難到你招架不住。」

從小處著手有幫助。所以說，你可以選擇簡單的事，像是開開心心和鄰居、或是超市的收銀員打個招呼，問候他們，然後再針對天氣或時事隨意聊個兩句。你可以在工作週會上至少主動發言一次。你可以對喜歡的人微笑，或者，更廣泛來說，對著人們微笑。如果你笑臉相迎，不要低著頭、看起來很孤僻，或對人事物漠不關心，別人比較可能正面回應。

Step 2：踏出第一步，與人接觸吧

你可以開始練習對身邊的人微笑，然後注意看他們的反應。當你問個簡單的問題，比方說「你今天好嗎？」請對他們的回答抱持好奇心。和別人講話時，請看著對方，不要把目光移開。

如果你對某些東西很有興趣，比方說電腦或汽車，也可以試著走進店裡或展示間，請店員帶你看看他們心中最棒的型號。他們介紹完之後，你可以謝謝他們然後離去。要是你買下了某項你不喜歡的產品、或不是那麼想要的衣服，就拿去退還給店員，跟他們說東西不適合，你想要退貨。退貨完成之後，請感謝對方。若你覺得緊張，記得微笑。要是你沒有東西可以退，那就去買東西然後退貨，訓練自己的社交能力。如果同事或朋友提出不合理的要求，例如要你多做分外工作，請委婉拒

絕，並禮貌、但堅定地簡要解釋，為何你不能這麼做。

在簡單的人際互動之後，你可以試試看更有挑戰性的社交活動。例如，邀朋友去喝一杯、吃飯或看電影。如此一來，你就開始練習成為「主動」的人。就算對方不能去或拒絕你，你還是有進步。你可以對自己說，「我努力了，雖然面對了挫折，但我大可再試一次，直到成功為止。」

你可能會看到你可以幫忙的人，例如，正在費勁整理花園的年邁鄰居。你可以提議幫忙，並對他們表達好奇心。或是，加入志工，選擇適合你的服務項目，和其他人共同完成任務。

另一個練習和別人交流、又不會過度挑戰自己的好方法，就是參加你有興趣的團體活動，例如繪畫或冥想。如果你喜歡運動，也可以加入體育社團。害羞的人通常也是很好的團隊合作者。尤其，若你是高中生或大學生，這種方法更有用。只要你盡力出賽，教練通常不介意你害不害羞。事實上，教練有時候還會幫你融入群體。如果你感到社交焦慮，加入體育社團感覺上像是一個大挑戰，但這麼做通常很值得，因為運動隊伍很能帶來歸屬感，也能真正帶出害羞的優點。很多羞怯的運動員都成為出色的體育隊長，他們能貼近隊員的感受、體貼隊員，思慮縝密而且善於謀略。隊友通常也對他們很忠誠！

無論你決定怎麼做，關鍵是要開放自己，與他人交流。當你這麼做，就是直接面對害羞並練習社交行為。至於具體要怎麼做，都由你決定，重點是要演練社交互動。不斷練習，一次

踏出一步，不管多麼微小都沒關係。請記住，千里之行，始於足下。

情境
練習

改變，從基礎開始

當你在思考要從哪些簡單的事開始，你注意到自己有哪些感受？

_____

你心裡想到要做的第一、兩件事是什麼？

_____

Step 3：每個禮拜，練習三種新行為

為了繼續進步，事先規畫要採取哪些步驟是好主意。舉例來說，在社交適能訓練中，參與者每個星期要練習三種新行為，如主動和同事打招呼，或是和他們想認識的人攀談。你也可以提議一起去喝咖啡或吃飯。和別人一起腦力激盪很有用，會幫你想到在練習新行為時，可以說哪些溫暖友善的話、做哪些暖心有人情味的事，以及當事情不如預期時該怎麼辦。還有，你們也可以一起思考，萬一事情錯得**離譜**該怎麼做。每個

人難免都會碰到這種事。要是我們很緊張寫錯了地址，或者，天啊，跑錯了咖啡店或是跟對方講錯了咖啡店，那該怎麼辦？但如果你可以對每個人都會擔心、日常生活中不時會發生的搞砸局面笑出來（一點點就好），你就又多了一個方法疼惜自己。

寫封信，給自己滿滿的能量

改變行為對每個人來說都很有挑戰性。因此，先寫封信鼓勵自己，非常有用。這封信可以激發慈悲，並鼓舞內心躍躍欲試的自己。寫這封信時，你可以想想看，要有哪些不同的作為。然後，在信中闡明為何改變行為有可能幫助你，也可以想一下哪些行為相對容易、哪些比較困難，並思考如何面對比較困難的部分。就像我們之前看過的，像這樣白紙黑字寫下來非常有幫助。

寫這封給自己的信時，試著融入你的理想慈悲自我：這個人明智、強大、很懂你也很關心你，而且對你很有信心。或者，如果你想要的話，在心裡想一想你的完美正能量好朋友，想像此人正和善地和你溝通，支持並鼓勵你，幫助你去做到現在一直逃避不做、或是覺得很困難的事。

寫信前，先選擇一項你打算做的事。這封信的開頭是：「我對於這件事（比方說，提出邀約、接受工作面試、和主管或經理會談、對朋友或同事表達自己的立場），會感受到社交

焦慮是可以理解的，因為⋯⋯事實上，幾乎每個人不時都會感到羞怯。」不要擔心要怎樣「正確地」寫這封信。你在摸索與嘗試，為的是能真正去感受。練習多了，就習慣了。等到習慣了，就會發現寫信給自己愈來愈容易，而且也更能幫助你。

情境練習　**你寫過信給自己嗎？**

當你開始寫信給自己，你注意到什麼？

_____

不再介意要如何「正確地」寫這封信，你有什麼感覺？

_____

　　接下來，寫出你可以做什麼，來幫助你面對社交場合。舉例來說，你可能回想起以前的經驗，你（事前）本來認為你可能沒辦法做好，但最後也處理得很好。舉例來說：「我知道我覺得很焦慮，但我記得兩個星期前我做到了⋯⋯」現在，寫下你可以採取的行動。句子範例如下：「我可以⋯⋯」「我能夠⋯⋯」「如果發生，那麼我會⋯⋯」書寫時，想像你自己有

能力處理問題。你這時所做的練習，是本書之前探討過的其中一種慈悲思維：把注意力放在對你有幫助的事情上，不要一直去想你的恐懼、從而刺激威脅保護系統。

試著不要講出「你應該」這種話，也不要給自己建議。反之，你可以這樣寫：「為了……我覺得自己可以承受焦慮。現在我們來看看，怎麼樣可以幫助我踏出第一步？」在寫信的當下、以及之後幾天再讀時，去覺察自己的感受，就會知道這封信有沒有幫助。如果你的信讀起來和善、善解人意、溫柔又溫暖，那會更有幫助。

請練習寫下幾件你可以做的簡單行動，幫助你朝向目標邁進，並懷抱著下個星期要想辦法做到的企圖心。盡可能把重點放在你的理想慈悲形象、或完美正能量好朋友身上，他們會讓你靠，支持你的努力，向你保證等你克服害羞感並在社交上有一些進步時，他們會替你拍手、為你傳達正能量。請記住，他們是你心裡的理想，超越人類的不完美，因為他們來自你的想像。這個人、動物或形象懂你的感受，認為這些感受都是身為人再自然不過的一部分，而且，不管你有什麼感覺，他們永遠都關心你。提醒自己這一點，會幫助你更自由探索，讓你去認識新的人、和別人交談、加入社團或從事體育活動、在有需要時，向朋友、良師與教練求助。請別人幫忙是疼愛自己的好方法，同時也可減緩你的社交焦慮。

寫信時，你的感覺是⋯⋯

寫這封信時，你注意到哪些感受？

_____

你能否感受到一點對自己的溫暖和疼惜？

_____

記憶，可以幫助你培養社交自信

就算你完全感受不到自信、不知道要如何下手，也可以靠著腦海中的記憶，培養自信的感覺，這很有用。舉例來說，你可以想想自己以前踏出社交舒適圈、並有了好結果的例子。或者，印象中，你感到社交焦慮、但之後在新環境也能安然自處的經驗。去想一想你以前是怎麼樣應對、如何撐過來的。如果你發現自己對這些努力不屑一顧，注意到這一點就好，然後再把注意力帶回到你做了哪些事。不管這麼做有沒有立即性的成果，請思考一下當你知道「你能幫助自己成長、培養出對自己的信任與信心」，有何感受。

有時候，你會發現自己想著：「我今天（或這個星期）什麼都沒做。」出現這種情況時，自問以下的問題可以幫助你：「我這個星期有沒有做**任何**之前沒做過的事？」有趣的是，你會發現這個問題喚醒了你的記憶，你想起自己做了一、兩件之前沒做過的事，這些可能不在你計畫之內，但你還是做了，而它們都是很小的事，你沒有多注意。所以，當你認為自己一事無成時，記得問問自己這個問題。你可能會對自己感到訝異，原來你忽略了這麼多事！

每一天，都是交朋友的練習

我們的大腦被設計成在某些情況下，就是會感受到焦慮。不過，有多容易感覺到嚴重的害羞、社交焦慮，則因人而異。但如果這些不舒服的感受，讓你不敢去做真正想做的事，那就不能坐視不管。情況正好相反：明白我們有一顆容易害羞的敏感大腦，更提醒著我們要「動起來」。當然，每個人容易受到刺激的部分都不太一樣。如果你喜歡閱讀勝過運動，安排時間去運動並在做到時獎勵自己，會有幫助。這麼做很有挑戰性也很困難，但這正是人生的本質。我們要了解自己的價值觀、情感和行為模式，然後努力發揮最大的潛力。同樣的道理也可以用在會造成問題的害羞上。這表示，我們要體認到，對於那些讓人難受的害羞經驗很敏感、很容易受到影響，**並不是我們的錯**。我們可以下定決心，用愛與關懷，面對害羞中會引發問題或痛苦的部分，不要讓社交焦慮主宰我們的人生。

之前也提過，這不代表你一定要改掉敏感、害羞的個性，變成膽子很大的人。如果你很內向，也不用逼自己變得外向、成為全場焦點。然而，一旦你因為害怕被批判，而不敢交朋友、不追求理想的工作，也不參與有趣的活動，那麼學會減緩社交焦慮與解決讓人痛苦的害羞感受，就很重要了。記住，最重要的一點是：你應該感受到，自己有能力去做那些你真正想做、且重視的事。

我和長期害羞的人合作多年。經驗告訴我，當這些長期羞怯的人，下定決心要面對會引發問題的害羞時，如果知道自己是上場「練習」，就能不那麼害羞，會對自己更滿意，更能積極過生活，並且在社交場合中感到更有自信。如果可行，和能提供支持的家人或朋友談一談並做練習，會有幫助。你也可以靠自己來，從做點小事開始，並與你溫暖、堅強、和善且充滿關懷的慈悲自我互動。

　　在競爭激烈的陽剛文化下（認為人必須不敏感、喜怒不形於色且剛強），人人都是受害者。畢竟，每個人都同時具有陽剛與陰柔的特質。第 1 章提過，如果男性擔心自己不夠強勢、太過敏感，所以找不到另一半，可以練習邀請一位女性出去，直接跟她講自己有點害羞，並看她有何反應，這會很有幫助。你不需要詳細解釋或說明你的害羞。此外，如果你生性安靜，這樣做能讓對方知道你不是冷漠的人。事實上，這個時候最有幫助的，就是把焦點放在她這個人和她的興趣上，這能緩解你的不安，找出共同的興趣。我有一位案主嘗試這項練習，後來他大為寬慰，因為他約出來的對象說：「我很高興聽你這麼說，我也是！」

堅定自信多了，社交焦慮也少了

　　堅定自信指一個人能表達自己的情緒與需求、又不侵犯他

人權利，也不會顯得很挑釁。畢竟，覺得羞怯時，常會想去取悅別人以免遭到拒絕，但這麼做很可能侵犯了我們自己的權利。而每個人都可以學習，成為堅定自信的人，像是清楚表達自己的價值觀、信念、意見和情感，維護自己的權利，並自主決定是否要清楚解釋、辯護自己的感受。而展現出堅定自信，也包括向他人說清楚自己希望如何被對待，表達自己，以及能夠堅定說「不」。有時，這意味著坦然說出「我不知道」、「我不明白」或「我不在乎」。堅定自信的人，會花足夠的時間去形成自己的想法、不怕犯錯，並為自己和想要的事物挺身而出。同時，有堅定自信特質的人，也期望（甚至要求）得到尊重。[1]

　　堅定自信是很重要的特質，在職場上尤其如此。同理，最好是一步一步養成這份從容的堅定，這樣你才不會承受不住。以下這項練習，讓你有機會講出想講的話。練習時，你可能會覺得社交焦慮更嚴重了，但之後會減輕。等做習慣了，你會感覺到社交焦慮的程度沒這麼大、減輕的速度也變快了。你就是用這種方法，學著承擔焦慮情緒，而焦慮也會隨著練習的次數變多而慢慢減緩。

害羞者的自信訓練

　　首先，先做幾次舒緩的呼吸。現在，想像明智、和善、慈

悲的自己，說起一件你一直在想、但其他人可能不想聽的事（比方說，你的工作量太大了，或者有件工作無法如期趕出來）。成為堅定自信的人，不一定代表就要去反抗別人說的話或需求。相反的，指導他人或是擔任專案領導人，同樣需要展現堅定自信，也同樣很有挑戰性。而負責專案管理是很可貴的成長經歷。另一方面，向前輩學管理，也是很好的方法，可以提升自信，並表現得更加堅定和果斷。

而在鏡子面前做練習，會有幫助。比方說，當我需要用堅定的語言表達意見時，我會先對著鏡子練習。有時候，我會發現，我看起來和聽起來都比我想像的更果決。或者，我會從鏡子中看到可以改善的肢體語言。例如，要抬頭挺胸，身體面向對方。如果你願意的話，現在就站在鏡子前面，練習要求你想要的東西或者說「不」。

情境練習 ── **對著鏡子，練出「主角光環」**

你剛剛在鏡子面前做練習時，注意到哪些事？

_____

在練習積極表達自我需求時，會發現「清晰明確地提出要求」，和「表現得像個受害者」與「表現得強硬和咄咄逼人」截然不同。另一方面，記住「我們都是與世界奮鬥的其中一員，盡力把事情做到最好」，對培養堅定的自信心有幫助。重點是，在培養自信果敢的路上，別忘了善待、接納、疼惜自己。

人際關係中的矛盾

當我們覺得羞怯、不想傷害別人的感受，又很難清楚表達我們的想法與感受時，更會怕自己進退失據。舉例來說，你可能對某個人感到很生氣，但同時又真心在乎對方。這種矛盾心理是所有人際關係的一部分。你可能沒讓對方知道你的想法、感受，也從沒講過什麼事讓你很困擾。你也許心裡累積了很多憤恨，但從不知道對方怎麼想、有什麼感覺。

同樣的，寫封信可以幫助你。有時候，當我們寫下自己的心情（尤其是互相衝突的感受），就能更清楚這些感覺、或用不同的角度來看待。有時候，感覺本身也會改變。漸漸的，我們會容易順著感受行事，同時保持對自己和他人的愛與關懷。

很多事難以開口，那就寫下來吧！

首先，花 1、2 分鐘，舒緩地呼吸。和慈悲、明智、堅強且善解人意的理想自我互動。在你做練習時，感受到他們給你的善意和溫暖。

請用以下這句話作為信的開頭：「對我來說，要跟你說這件事很難，因為……」這可以幫助你動筆。現在，寫下所有讓你覺得難過或生氣的事。而你可以從提出要求，或跟對方說他們的哪些行為引發了你痛苦的感受，來練習堅定自信地表達自己。看看你能不能想到他們具體做過什麼、或說過什麼。不用猶豫不決。你並不會傷害到任何人，因為這封信只會給你本人看。這項練習是在幫助你更具體感受到，是什麼事讓你煩惱，再決定你要不要採取行動。

完成本項練習後，你可能想要伸展一下，花點時間散個步。接著，試著做接下來的練習。

保持微笑，承認你的感受（這些都是人之常情），平靜而舒緩地呼吸幾次。現在，腦中想著收件人，寫下你喜歡和欣賞他的地方。想著你希望對方成功、不再受苦、享有平靜，並一一寫下來。即使是面對你很反感、而且自認永遠不會喜歡的人，把慈愛的祝福寫下來送給他們，也會很有幫助。這能讓你更理解對方（和你自己）。

這對我來說很難說出口，因為……

此時你有何感受？

_____

你心裡有浮現任何事嗎？

_____

　　這個練習是一個機會，讓你可以去面對衝突或緊張的情緒，理解你的感受很正常，並以對你有幫助的方式去處理。在伴侶治療中，往往會發現，面對在乎的人，那些會讓我們抓狂的點，通常也正是我們很欣賞對方的點，這讓案主和我都深感訝異。

你的生活中，有很多讓你抓狂、不開心的人嗎？

　　還有一種人際難題是，我們內心深處知道，這是一段不好的關係，對方在占我們便宜，要我們聽他講（因為這正好是我們擅長的），不會鼓勵我們開口，也從不問我們的意見。我們知道，要不就在關係中堅定表達自己、再給這段關係一次機會，要不就只能離開。有時候，你心裡知道某個朋友不太在乎你，但你還是和對方維持關係，因為你害怕孤單。

尤其，要脫離一段愛扯後腿、無助於我們成長，或是根本不適合的親密關係時，更為困難。很多人很難放棄一段關係，因為這些關係給了我們安全感。我們也痛恨去傷害對方，知道一段關係走不下去不是任何人的錯。有時候，我們知道結束關係很可能造成傷害，但我們並不想傷害別人。有時候，我們很怕要再度孤單地走進這個世界。還有，要改變生活方式，從等待別人的選擇或給予，到追求自己的理想與渴望，也是很困難的。

　　如果你發現自己陷入這類難題，請提醒自己，結束關係並不會讓你變成「不夠好」的人或壞人，這就是凡人會碰到的問題。好消息是，我們可以用愛和理解來面對自己的難受。為自己的行為挑起責任，同時好好安撫自己。畢竟，要改變行為模式，自然會出現許許多多的感受。請用慈悲對待它們，不必逃避、但也不用沉溺其中。

人際關係，也需要斷捨離

　　花幾分鐘做舒緩的呼吸，並想著明智、堅強、善解人意的慈悲自我。當你確實感受到溫馨與理解，把心思帶到那一段你明知並不健康的關係，想一想對方如何對待你。然後，想像一個真正關心你和你的幸福的朋友，陪著你。想一想，你需要做些什麼，才能結束一段關係，並尋覓下一段關係。如果覺得受

不了了，就把注意力放在呼吸和慈悲自我上。平靜下來後，繼續想想你可以採取哪些「小行動」，找到更好、或更合適的朋友或伴侶，放下原本的關係。練習得差不多之後，請再花一點時間，感受慈悲自我的溫暖與善解人意。如果你想到可以採取哪些行動，來結束關係、認識新朋友，花點時間寫下來。等你準備好，就可以依照這些步驟，好好跟關係說再見。

以下有幾個範例，當事人明白某一段關係不再重要、無益於己，開始人際斷捨離。

約翰和比爾從小就是朋友，約翰認為他只有比爾這個朋友，但外向的比爾有很多朋友。事實上，他跟什麼人都談得來，在人多的地方也是如魚得水，向來是目光焦點。約翰喜歡與比爾為友，因為他可以跟著比爾，不用付出太多心力就跟別人交流。另一方面，他忍不住注意到，比爾似乎不太在乎他想什麼或要說什麼。約翰很善於傾聽，大部分時間都在聽比爾說話。約翰漸漸明白，他需要更主動一點，讓別人有機會認識他，而他也可以更了解對方。於是，他開始採取一些小行動，結交新朋友。比方說，他開始在派對上主動和別人聊天，不再只待在以比爾為首的小圈圈。之後，他也邀了人去看電影，約新朋友吃飯。他還加入了攝影社，並要自己每次聚會時，至少要跟一個人交談，然後要邀請一人上完課之後一起去喝咖啡。他邀請另一個人參加他很喜歡的健行活動，一起拍照。

瓊安的先生比她外向，她和他那群喧鬧的朋友相處時，感

到很羞怯。她寧願花更多時間獨處，去做她真正想做的事，但她先生並不理解她在他朋友身邊時感到的害羞，也不明白她需要獨處。當她試著解釋時，他很受傷，說她不在乎他。他也常常發脾氣，想要控制她的行為，對她說她應該想和他的朋友相處。萬一她做不到，那就是她的問題。瓊安理解他並不是故意要傷害她，也覺得他們彼此相愛，但他不斷的批評侵蝕了她的自尊，她漸漸明白，她恐怕需要離開這段婚姻。

她的第一步是告訴他，她很受傷，而且被誤解。她對他說她愛他，但她寧願讀點書、和他一起散散步，也不想跟他那群朋友守著電視看足球。他們談了很多。對話中，她跟他講了一些他造成的嚴重傷害，他也對她講了許多他的挫折。她明白了，他們人生中想要的東西不同。她內向沒有錯，他外向也沒問題，但是兩人的共同處不夠多。他們徹底檢視了各個問題，也去做了伴侶治療，幫助他們傾聽彼此。他們達成協議要努力維持好朋友的關係，但也是另覓伴侶的時候了。

慈悲，是需要勇氣的

我們在想何謂慈悲行為時，通常想到的都是對自己與他人的小小善意。這些善舉大多都不需要我們付出太多，但有些慈悲之舉，其實是勇敢的表現。前文提過，人要改變自己、去做害怕的事時，就需要勇氣去因應威脅／自我保護系統，還有隨

之而來的焦慮、恐懼和憤怒。勇氣也代表要抗拒欲望，比方說，你渴望加入某個群體、並受到其領袖人物喜愛，但你並不是真的尊重他們，也不接受他們所做的事。要離開這樣的群體，另外去找重視合作、講求平等的群體，需要勇氣。在諸如此類的情況下，都需要勇氣才能展現慈悲行為，挺身面對其他人，包括對抗權威人士。

> **情境練習**　**培養勇氣的基本功**
>
> 　　你能不能想到一種情況是，你覺得自己當下應該更勇於表達想法？若有，請寫下如果再面臨相同情況，你可能會說的話。
>
> _____

寧可上網找 A 片，也不願出門找伴侶？

　　人的大腦有各種欲望，讓我們能夠適應一個資源有限的世界，其中許多小群體彼此依賴。如今，很少有人生活在小群體裡，多數人面臨著日益加劇的社交孤立。另一方面，如果深感害羞，往往會想要逃避進入親密關係所帶來的風險。而當這種

孤立伴隨著嚴重的害羞或社交焦慮，網路上的性愛畫面可能會成為格外強烈的誘惑，提供了孤獨、卻可行的替代方式，讓人得以滿足自己，同時避免面對親密關係中預期的尷尬與風險。然而，我們心裡知道，長期要過得充實、活出意義來，需要的是與真實的人親近，在情感上獲得溫暖，在生理上得到安慰。如果你對此感同身受，不妨試試以下的練習。

花幾分鐘，用舒緩的節奏呼吸，把心思帶到明智、堅強、接納，且深切關心著你的幸福的慈悲自我。等你感到平靜、且受到關懷後，拿出筆記本和書寫工具，上面畫兩欄，一欄寫著「在上網時自慰的好處」，另一欄寫著「在上網時自慰的壞處」。在標題之下列出你認為各自有哪些優、缺點。試著寫下這麼做會幫助你、還是不利你去找性伴侶。

做完練習後，再多做幾次舒緩的呼吸。如果你不排斥，寫下你可以採取的小行動，不要給自己太大的壓力，減少接觸網路色情的時間（一開始可能先減少幾分鐘），增加與潛在的性伴侶相處的時間（起初或許先從小事著手。比方說，和你喜歡的人打招呼，或簡短對話，或成為朋友，或者從交友軟體慢慢開始）。

你順從慣了？「拒絕」也沒關係

要練習慈悲，我們或許需要抵抗其他人和自己。對方可能

是有權有勢的人，但也有可能是我們自己的小孩！如果我們向來很羞怯，要拒絕孩子吃垃圾食物或打電動的要求，非常有挑戰性。尤其，如果父母覺得孩子有需求時，自己總是無法滿足，例如：還要工作，或寧願不帶孩子出門（因為不想和其他家長交流）。或者是，你必須開除某個同事，因為他的能力不達標，無法勝任要務。你知道你得請對方走人，但卻一直拖延，因為你痛恨當「壞人」。我們可以從這幾個範例中看出，一味順從退縮並不是慈悲的表現。無法做出困難又正確的決定，就跟去做我們心裡認為不對的事一樣，對自己和對他人來說都不慈悲。

愈是弱勢的人，愈應該學習「說真話」

另一種需要勇氣才能展現慈悲的情況，是必須「對有權有勢的人說真話」的時候。這是指我們要對權威人士、或在特定情境下握有權力的人，講出自己的想法。有群眾魅力、極為強勢的領導者可以說服我們服從他們的目標，往往還會誇大威脅以提高自己的權力。1990 年代，金巴多在史丹福大學開了一門很有用的課「心理控制心理學」（The Psychology of Mind Control），[2] 幫助學生理解：任何人都很容易被誤導、或受到握有權力的惡意人士影響，尤其是當我們覺得脆弱、寂寞或是正在經歷人生重大轉變之時。舉例來說，邪教成員一開始會透

過給予人際關懷和精神慰藉，來吸收信徒，之後才灌輸該組織的內部運作和信念。但其實這些教義可能不善，甚至是用來剝削人。如果一個人感到害羞寂寞，那在面臨這些心理操縱時，可能特別脆弱，容易受到傷害。我們也可以來看看暴虐、有害的領導者，這種人常在我們感到不確定、壓力大、需要別人的自信領導時出現，他們「知道自己在做什麼」。面對複雜問題時，我們寧可相信某個人會有答案、會保護我們，這樣就不用自己去解決複雜問題。渴望權力的領導者會濫用這股對於安全和保障的渴望，操弄著我們對於自卑或受辱的恐懼心理。正因如此，才會有人冷眼旁觀別人受到霸凌，擔心站出來對抗霸凌或提供協助，會遭致不堪後果。

當我們覺得很羞怯、茫然，就會成為很強勢、心裡根本不顧我們死活之人的獵物。「小心駛得萬年船」的策略，通常需要把自己的想法和感受藏起來，一直擔心著別人的想法。我們不會往後退一步問問真實的自己，「我真正的想法是什麼，希望怎麼做，才能符合我的價值觀。」當然，學著勇敢發聲、根據價值觀行事，是一大挑戰，肯定需要勇氣，在面對有權有勢人物施壓時更是如此。但如果能不畏權勢、敢說真話，同時也用慈悲心面對自己與他人，你的人生就值得了。

當時，我想說的話是……

你可能遇過一種情況是，你明知自己應該把話說出來，才對得起個人價值觀，但卻退縮了。請描述當時的情況，並寫下你真正想講的話：

_____

_____

如果你或你愛的人被霸凌……

研究人員定義的霸凌，是指權力更大的個人或群體，重複攻擊弱勢的一方，意圖造成傷害或破壞。而權力不對等可能體現在生理上或心理上，攻擊性的行為可能是亂取難聽綽號、威脅、毆打、散播謠言，或迴避與排擠。

2001 年發布的一份國際研究評述發現，各國學生提報在學期中至少被霸凌過一次的比例，從 15％到 70％不等。美國一項針對二十三所學校的霸凌行為研究指出，不分性別的話，整體上來說最常見的霸凌行為，就是直接口頭攻擊。如果只看男孩，最常見的是肢體攻擊。女孩之間最常見的是間接攻擊，包括亂取難聽綽號、嘲弄、散播謠言、排擠和偷走個人物品。[3]不論是哪一種霸凌形式，霸凌者的心理調適能力通常比較差。防制霸凌在美國成為一項全國性任務，有許多網站提供了很實

用的面對霸凌的建議。

　　如果你的孩子很羞怯，很可能成為長期被霸凌者，這會留下永久的情緒創傷。而社交孤立或缺乏社交技能，是容易一再遭受霸凌的風險因子。因此，非常重要的是，要知道害羞的孩子念的學校裡，霸凌狀況有多嚴重，以及相關人士做了哪些事以密切觀察事態，防制霸凌。有意思的是，近期研究顯示，天資聰穎的兒童比較可能被霸凌，因此，聰穎**又**羞怯的孩子可能特別脆弱。每一所學校的行政單位都應該要對此負責，但你和其他家長也必須監督霸凌的情況、推動相關行動並查核是否有繼續執行。這是另一個展現堅定自信與慈悲勇氣的機會！

被欺負的苦，「理想的自己」懂

　　做一點舒緩的呼吸，花幾分鐘想想明智、善解人意、和善且慈悲的自我。接下來，如果你想的話，看看心裡有沒有浮現任何關於霸凌的想法或形象，有可能是自己被霸凌或是看到有人被霸凌。如果你發現自己小時候曾被霸凌，去感受你的和善、接納、理解與關心的自我，傾聽你對於霸凌的想法與感受，及其對你造成的影響，花點時間真正去感受你的慈悲自我（或形象）。

職場霸凌真相，可能跟你想的不一樣

2008 年，富比士網站的健康版登出一份國際調查報告，指出職場霸凌在美國和許多西方國家已經成為重要議題，這種現象如今非常普遍。[4] 據估計，高達 37％的員工不斷受到不當待遇，如果把目擊者也加進去，被牽扯進霸凌的比例就提高到 49％。此外，除非情況很嚴重，不然就算真的發生霸凌，你可能也沒有意識到。職場霸凌與創傷研究院（Workplace Bullying & Trauma Institute）的蓋瑞‧納米（Gary Namie）受訪時指出，遭到霸凌的人八成都是女性，據估計，有六分之一的員工遭到霸凌。女性也跟男性一樣會霸凌別人。然而，這份報導指出，與認知相反的是，遭到霸凌的人多半不是臉皮薄或很脆弱的人，事實上，目標對象通常好相處又能幹。招致霸凌的原因，是因為他們在競爭激烈的職場環境中（強勢、有「攻擊性」的人，更吃香、升遷快），被視為要打壓的對手。話說回

來，霸凌者顯然還是會找那些不喜歡衝突的討好者下手，儘管那些人性格溫和，卻還是被視為具有威脅性。如果你很害羞，你可能會低估自己的能力，不知道自己對於缺乏安全感的主管或同事來說，是一大威脅。

面對霸凌，我最大的恐懼是⋯⋯

吉伯特在《慈悲之心》一書中建議，面對霸凌者，你一開始可以這麼說：「我覺得你的有些批評很傷人，讓我無法做好自己的職務。如果你可以把重點放在，你認為我做得好、並能以此繼續進步的地方，會大有幫助⋯⋯」[5] 如果霸凌者想要收手，這就讓他們有具體的東西可說，有台階可下，也有了機會讓對話朝更慈悲的方向進行。如果霸凌者對你的做法沒什麼回應，輕視或嘲弄你講的話，或者持續霸凌行為，你就需要職場上其他人的協助，或去找工會或其他代表團體。

若你在職場上受到霸凌，就算你可以得到一些協助，可能還是會因為發生的事感到羞愧，認為其他人都藐視你。如果是，開始寫下你的想法會有幫助。

首先，做幾次舒緩的呼吸，把覺知放到慈悲自我（或形象），花幾分鐘充分感受到他們對你的溫暖、善意、理解、接納和深深的關懷。

在筆記本上或紙上畫兩欄。第一欄寫著，你認為身邊的人

看到你被霸凌時，心裡會什麼想法，並寫下你對於這些想法最大的恐懼。在第二欄中，寫下你遭到霸凌時，內在的羞恥體驗、內心感受，並寫下你對於這些經驗最大的恐懼是什麼。如果你內心覺得羞愧，你可能會注意到，你最大的恐懼大概就是你擔心別人怎麼想，以及別人怎麼看你。舉例來說，你可能擔心別人不想要你、不需要你或你不夠好，這些想法的重點就是「別人怎麼想」。或者，你可能覺得很害怕，因為你無力對抗霸凌捍衛自己，並害怕人們會因此鄙視你。

本項練習幫助你看到，我們都很容易誤解霸凌旁觀者的想法。他們跟所有人都一樣，都害怕被霸凌，因此，他們並沒有在你需要的時候伸出手，也沒有讓你看到他們的憂慮。這絕對不代表他們沒有同情心，更不是他們鄙視你。這可能代表他們自己也怕，並正試著鼓起勇氣說點什麼或做點什麼。

忍住不必要的道歉，忍著不責備自己

請記住，心理虐待跟生理虐待一樣有殺傷力。如果事情不是你的錯，你要忍著不去道歉；就算你做的事會讓對方生氣，你也要忍著逃避的衝動、勇敢去做；你還要忍著不去嚴厲責備自己。而如果你要向那些不是真正為自己、或他人著想的事說「不」，用溫暖、友善的態度對待自己，並以自我疼惜接納所有情緒，會更容易些。

你可能開始計畫著，可以採取哪些小行動，逐步練習，讓自己能說出想說的話、做真正想做的事。如果可以，請向朋友、家人及／或治療師協助。一旦遭受霸凌，「求助」絕對是疼愛自己的方式。記住，你不孤單。被霸凌和你生而為人的價值無關，它只與霸凌者有關。當事人這麼做，是為了掩飾自己的焦慮和受威脅感。

當害羞的人，碰上果斷自信的人……

如果我們極度害羞（就算沒那麼差怯時可能也一樣），面對非常果斷自信的人時，有時候很難判斷此人是靠剝削他人展現強勢，還是勇於為自己「盡力爭取」的人。如果是後者，只要我們表達自己的需求，他們是會做出回應的。雖然他們可能不會主動徵詢他人的意見，但對於他人表現出堅定自信的行為，他們會給予正面的回應。如果我們一直很差怯，可能會覺得別人都很有侵略性、掠奪性，並對此感到沮喪和氣憤，然後用憤恨或負面攻擊的態度對待對方，並且自我羞辱、嚴格自我批判，藉此展現憤怒。有些人可能會發現，自己會在「責備自己」與「責怪他人」之間來來回回，就如第 1 章提到的「害羞的三種惡性循環」所示。我們知道這些感受和想法完全可以理解，是威脅系統中的一部分。但我們也明白，這些東西會讓人很難辨識他人的動機。

害羞者的謹慎，有時會適得其反

當然了，為了保護自己、太過警覺謹慎，然後一下責備自己，一下指責他人，恐怕只會適得其反。比方說，如果我們對於會出現粗魯言語和爭論的業務會議，感到憂心忡忡，可能會發現自己一直迴避會議或故意遲到。有時候，我們完全忘了要開會這件事，沒意識到這其實是在迴避。我們躲在角落裡，避開有攻擊性的同事，很可能忽略事實上其他人想要、且需要我們以更合作的態度去開會，這樣一來，我們也錯失和這些人同盟的機會。如果我們不喜歡某位主管或經理，很可能會拖著不回應他們、或是遲交報告，這反而讓他們有理由批評我們。如果我們覺得誰都不能信任，可能就不會跟別人分享想法和感受，反而無法獲得對幸福而言非常必要的社交支持。

冒個險，看看對方是否值得信任

如果你決定要冒險去確認某個堅定自信的人是不是值得信任，請肯定自己的勇氣。你可能還帶著舊傷痛、留著傷疤，從這個角度來說，你更要肯定自己。對方主要的考量可能是表達自我，不一定是要支配別人。在信任感很強的工作團隊裡，大家可以把話講得很開：人們會把話講的很重，其他人也會用同樣重的話反駁，或是表達不同觀點，沒有誰需要爭贏。在這樣

的團隊中，成員可以對彼此的想法進行延伸，一旦有了一致的定義，再加上信任感足夠，最後就會一起看出哪些想法最有道理。相反的，在信任感沒那麼強、政治或階級成分很濃厚的環境，人們多半會害怕講出重話、不敢堅定表達自己的觀點，就會變成讓幾個人主導。

你可能會想花點時間，觀察看看你想賭一把的對象。此人是很想贏嗎？還是說，他們只是在表達自己？做以下的練習或許有幫助。

花幾分鐘做舒緩的呼吸，並想一想你慈悲、明智、堅強且善解人意的自我。花時間真正感受到那股溫暖、力量與理解。之後，想像你自己冒了一點小風險，為的就是要看看此人是否值得信任。比方說，可能是在會議中理直氣和地表達自己的看法，看看對方如何反應，或是提出不同的建議，或者，你可以打斷對話說：「我有個想法不得不說，我希望你能聽聽看。」看看他們怎麼做。當你完成想像之後，花個幾分鐘，體驗慈悲自我給你的溫暖。結束練習後，寫下當你準備好之後，想要做的一些小行動。一旦覺得準備好了，請決定你什麼時候要踏出第一步。你可能也想選擇你信任的人，在你與同事互動之前，及／或之後和此人聊聊。

從小地方開始，處理高難度對話

等我準備好後，我可以採取哪些小行動，來說出那些難以開口的話：

_____

如果我需要支持，可以去找的人是：

_____

站高一點，至少努力領導一次吧！

如果你在工作上，總是避免接下領導的角色，去看看如果你有時候起身領導，不要只是跟隨別人的計畫、由別人訂優先順序會怎麼樣，可能會有幫助。有時候，當追隨者代表不需要認真思考自己想從工作上得到什麼、或者希望有哪些貢獻。如果你想要探索起身領導會怎樣，一開始可以先仔細觀察現實狀況，並注意除了支援同事之外，是否有機會做出別的貢獻。這並不是要你在成為超級明星，或者做一顆螺絲釘之間二選一。兩者之間通常還有很多別的選項。舉例來說，你或許注意到有個小案子沒有人要負責，於是你就扛起來了。（自願去做對你來說很重要，及／或跟你想做的工作有關的事，會有幫助。）如果你注意到自己擔心犯錯、被其他人否定，請記住這很正

常。人都要冒風險才能成長，你我都會犯錯，然後從錯誤中站起來。

你可能需要敦促自己對他人明講，你希望他們做什麼。如果你想要的話，可以在家裡大聲彩排這些對話。如果有人否定或有歧見，或說他們的做事方法不同於你，那都沒關係。所有的反對意見，都是學習的契機，讓我們在嘗試新的做事方法時，能帶著慈悲去面對自身的恐懼和挫折。你可能會發現，你還滿喜歡用新的方式去做事。重點是，每次面對挑戰時，你要練習舒緩的呼吸，並且常常把慈悲自我或慈悲形象帶進心裡。當你在想像隔天希望去做的事情時，比方說主持會議、詢問大家的進度，或是說明你對目標的想法，先在家做練習，做點舒緩的呼吸，想像慈悲自我或形象陪著你，也會有幫助。你也可以在鏡子面前練習。

情境練習　**從主管的視角，為自己爭取更多機會**

我會尋找領導的機會，做法是：

_____

打破刻板印象，讓害羞成為你的超能力

在媒體推動下，「高度個人主義、強勢的男性作風」快速散播，西方文化也對害羞產生刻板印象。藥廠為了賺大錢，把害羞當成可以治療的疾病，推波助瀾之下這種形象愈來愈鮮明。我和很多自認羞怯的人相處，在我的經驗裡，除非一直遭到嚴重傷害、認為根本不能相信任何人，不然的話，這些人在接納的環境下都是絕佳的合作夥伴。害羞並不代表你就不能有成就。事實上，在高等教育人口中，害羞的人可能還多過不害羞的人。記住，在近期的樣本中，有六成的大學生都說自己很害羞。羞怯的人只不過是不想太常站在鎂光燈下。害羞的你，可能敏銳感受到，成就以及對成就的肯定，不過是過眼雲煙。如果你處理的是很複雜的問題，不能只將就於「應急的次等解決方案」，那更不在乎這些名利。因此，你可能常常會被人忽略。我針對傑出的害羞領導者所做的訪談研究顯示，這些人多半「從後方領導」，讓其他人領受任何降臨的榮光。

以能見度來說，你或許遭到忽略，但你在職場上炙手可熱，很多人搶，因為你認真負責。在《從 A 到 A+》（*Good to Great*）這本書裡，作者詹姆・柯林斯（Jim Collins）提到，某些領導企業走過重大變革的最高效執行長，就是害羞的人。[6]當研究團隊不斷地告訴他，這些企業的領導者「不一樣」或「很沉默寡言」，柯林斯並不相信，他得親眼看看。他發現，

這些人並不渴望出名。他們抱著強烈且堅定的承諾，只求達到目標，並不在乎歸功於誰。他們賦權給部屬，然後放手讓員工好好發揮。事實上，我在害羞診所看到，當那些羞怯的案主得到接納，就能展現出真誠、合作、互相配合的特質，而這些特質在商業世界中依然深具影響力、且受到高度讚揚，同時更是培養真誠領導的關鍵要素。[7]如果你可以主動出擊，傳遞溫暖與好奇心，培養慈悲自我並且對其他人展現關愛，努力發揮自己的潛能，就能享有心滿意足、而且充實有意義的人生。

害羞男性最常遭受的刻板印象，從《意外的電腦王國》（*Accidental Empires: How the Boys of Silicon Valley Make Their Millions, Battle Foreign Competition, and Still Can't Get a Date*）這類書裡也可窺見一二（按：原文的副書名是「矽谷小子如何發財致富，對抗外國競爭，但仍然找不到約會對象」）。[8]另一方面，女性則常在職場上受到刻板印象的影響。然而，諷刺的是，職場假設羞怯的女性不會用獨斷的態度，去對待男同事（以及競爭對手），還更看重這類女性。

那麼，你要如何對抗刻板印象，同時好好疼愛自己、以及其他害羞和不那麼羞怯的人？答案是，你可以默默耕耘、實現你的工作目標，自信沉著地守護你的信念，指出你認為什麼有利於團隊和公司。在此同時，抱持慈悲的立場去面對自己的社交焦慮，並且因應他人因為深深缺乏安全感、而展現的威脅保護系統反應。

從對方的眼睛去看，從對方的心去感受

我們有很多行為都是模稜兩可，有很大的誤解空間。正因如此，找到方法釐清一個人真正想要表達的事物以及他們的動機，非常重要。[9] 有些人很獨來獨往，容易讓人誤認為，這代表他不喜歡我們。如果我們是這樣的人，有時候別人也會認為，這代表我們對他們不敢興趣。其實，如果能釐清彼此因為所處的立場不同，看問題的出發點也不同，就會發現：比起因為害羞、而逕自臆測一切，在不同的背景下，領導者與追隨者角色是有很大的空間可以討論、互換的。若能洞悉人的感受與動機本來就時不時會變化，就會更明白這一點。昨天的會議關乎我非常在乎的主題，由我擔任主持人。但今天的主題變成你很介意的事，我很樂意看你承擔起主持人的位置。

回想某個對你不算友善、甚至很不耐煩的人。花幾分鐘做舒緩的呼吸，然後把你的慈悲、明智、非常關心別人的自我帶進心裡。準備好了之後，請用最溫柔的態度問自己，對方有沒有可能發生了什麼事？如果你可以，而且覺得做得到，請想一想，對方可能有哪些想法與感受。本項練習的重點是，帶著對自己與他人的慈悲，去想對方的動機可能是什麼。有沒有可能他們壓力很大，只想把注意力放在工作上？有沒有可能他們在仔細思考或擔心某件事？有沒有可能有什麼事讓他們覺得很脆弱，因此想保護自己？

這不是一項比邏輯的練習，而是一個機會，讓你用開放的心胸去想，並去注意當你想到不同的可能性時，有什麼感覺。做完練習之後，你可能會去想，能不能用不一樣的方法去對待對方。比方說私下詢問他們的狀況，或只是觀察他們，持續保持友好的態度。

遠離「思考陷阱」，那會毀掉你的幸福

寶拉剛開始一段戀情。安德魯風趣、樂觀、熱情，而且顯然很喜歡她，她自己也是熱情、好相處、可信賴的人。寶拉習慣把主導權交給別人，因此她很高興是他來追她。他們在一起很開心，發現兩人有很多共通之處。然而，隨著關係愈來愈親密，到了決定是否要同居時，安德魯一直講起上一段關係讓他很失望，不願意就此定下來。寶拉開始注意到，安德魯講起前女友時她會害怕，這也激起她想要去討好、展現風趣，避免深入討論這個話題。

她意識到自己很害怕，當她感到恐懼與難過時，她理解自己之所以和安德魯在一起，真正的動機是想要建立長期關係，但他可能沒有相同的渴望。她明白人很容易陷入思考陷阱，把自己和別人視為兩個極端，想著他無情又拒人於千里之外，她委曲求全不值得。（這是治療師所說的「全有或全無思維」或「非黑即白思維」，是幾種每個人在焦慮時常會出現的無益思

維模式。若想了解更多相關資訊，請參見本書書後。）她想像，如果面對一個和她處於相同立場的朋友，她會說什麼。她想起，過去當她知道可能會失望時，有幾次仍想辦法說出自己的感覺，或者冒著風險釐清對方的行為。她想像，為了自己長久的幸福，她要多冒一點點風險，多去了解安德魯對她有什麼打算。

等他們碰面，安德魯講到前女友時，寶拉不再扯開話題，反而去問安德魯，當他想起過去的戀情時有什麼感受，他對於同居又有什麼想法。安德魯也打破自身的恐懼，說他認為他比較想慢慢來，可能回到約會就好，甚至也可以和別人試試看。她對他說，她可以理解他想要這樣，但這不是她的目標。她的目標是找到可以親密相處的長期伴侶。她很高興自己搶先把話說開以釐清他們的關係，而讓她有點意外的是，他真的跟隨她的引導，講出他的脆弱之處與憂心。他還沒有準備再度進入親密關係，但他也不想失去她。他們決定，試著當朋友就好。雖然寶拉難過又失望，但她也重新把個人檔案放回交友網站上，計畫下星期和別人去喝咖啡。

問問彼此：我們要的，究竟是什麼？

如果你在關係中，需要釐清對方的動機或打算，那接下來的練習很有用。話說回來，這裡講的「關係」不見得是戀愛關

係，朋友和家人之間也會有很多模糊地帶。

請回想一個你想釐清的模糊地帶，但你又不敢行動。同時，舒緩地呼吸，花幾分鐘想像那明智、堅強、和善且溫柔的自我，他非常懂你，也不會被你的憂傷苦惱嚇到。接著，等你準備好，請容許自己去感受內心的焦慮和恐懼，可能還有悲傷，一直到你真正覺得被理解和接納為止。如果你願意，可以想像那個堅強的自己溫柔地支持你，他鼓勵你多冒一點風險，去了解對方想要什麼、以及想從你這邊得到什麼。同時別忘了，你天生內建威脅保護思維，因此你會焦慮非常自然，這不是你該受批評的理由。想像你會對朋友說什麼。想像你自己冒了風險，提起這段關係的現狀。然後，溫柔地自問你可能會說什麼與問什麼問題。還有，就算最終你們的關係會改變，你能為自己和對方做哪些長期最能帶來支持力量的事？

等你做完練習，看看你是否準備好，寫下你可以採取的一、兩個小行動，來釐清關係。而第一步可能是問對方如何看待這段關係、或他們大體上想從人際關係中獲得什麼。或者，你希望一開始先釐清你們各自想從人際關係中得到什麼，談一談你們認為有助於建立良好人際關係的要素，以及你理想中的友誼有哪些特點。這些問題通常是很好的切入方式，可以好好談談目前的關係。人們很可能並沒有刻意去想自己要什麼，因此，你也許會發現你們需要在幾個星期內進行多次對話。你無須逼自己或對方馬上就要有答案，這些對話會幫助你釐清哪些

東西對你來說很重要，並讓你有機會看到，對方是不是也能去談他們在乎什麼，以及他們願不願意冒著情感風險，讓親密關係更進一步。

然而，這個練習很有挑戰性。或許，可以等到你能帶著慈悲心改變舊習時，再來做這個練習。有時候，你要先花好幾週做書中的其他練習，冒著險去和別人交流、培養友誼，才有辦法做這個練習。因為前面的練習可以幫助你，覺察自己在人際關係中的需求與期待。

情境練習　**理解需求，讓關係更好**

想一想，你人生中有沒有任何一段關係（無論是社交或工作關係都可以），能因為你了解自己的價值觀、或對關係的需求而受益？請寫下來，等你準備好深入探究時，再回頭來看。

你可能注意到，在學著改變行為時，所有相關練習都是從舒緩的呼吸開始，並和慈悲自我或是正能量完美形象互動。這

是要幫助你帶著溫柔、關懷、溫暖和智慧去傾聽、包容內心的恐懼和挫折（可能還有羞恥和憤恨）。你的慈悲自我或形象也可以幫助你梳理自己的動機和行為選項，同時盡你所能不去批判自己與他人，展現出溫暖、接納、和善與理解的一面。

重點整理

慈悲行為從群居哺乳類的利他與關懷行為演化而來。

慈悲的行為指的是要**採取行動**，當我們面對社交焦慮、挑戰與挫折時，去做能有所幫助、帶來勇氣與提供支持的事。

理解「人會對威脅產生反應，並不是我們個人的過失」後，我們就可以負起改變的責任，勇敢追求目標。即使在困難的情況下，我們也可以做對的事，而不是只想要當好人。你可以遵循你的價值觀，挺身向有權者說真話。就算你覺得孤單，也有能力拒絕那些有害的關係和群體。而這一路上，明智、善解人意的慈悲自我都會是你的好夥伴，為你指引方向。

你可以開始接下領導者的角色，同時不忘疼惜與善待自己和他人。而每個人都可以輪流擔當領導職。

在任何關係中，兩難與矛盾心理都是無可避免的。面對這些矛盾情緒時，我們既要以慈悲心包容它，同時也要有勇氣改變自己的行為──無論是離開一段關係，還是冒險建立新的關係。而我們往往也需要願意承擔風險去探索，一個人究竟是值

得信任，還是會利用我們。畢竟，若過分警惕和戒備，反而可能適得其反，最終傷害了自己。

另一方面，兒童霸凌很常見，害羞的孩子很容易受到欺負。而職場也普遍存在霸凌現象。面對霸凌，請努力疼惜自己，對犯錯者慈悲。同時，知道何時該尋求協助也很重要。

帶著慈悲心改變行為，並不是一蹴可幾的。對所有人來說，改變都是一輩子的事，但它也能帶來更多的滿足和歡欣。

第 **9** 章

成為更好的自己，
迎向更好的關係

我們知道，害羞是人普遍都會有的情緒。我們也知道，害羞帶來許多優勢，比方說敏感度高、慎重、思慮周全、勤奮認真、好相處以及行事風格偏向合作。歷史上有許多傑出的害羞領袖、科學天才與媒體名人。這些人物典範與你有著相同的優點，面臨相似的問題，有共同的困擾、一樣的焦慮，更有類似的感受、動機、想法和苦惱。而他們運用害羞的優勢，克服害羞帶來的問題，最終實現了他們的目標。

　　我們探討普通的害羞是如何變成了問題，原因包括負面的人生經歷、競爭性的教室課堂，加上批評或不願出手相助的老師、保護過度或怠忽職守的父母、用批評與羞辱施行情緒虐待的親子教養等等。當害羞走向極端，自責和羞恥就會作祟，伴隨著令人痛苦的社交焦慮。此時，你會開始逃避生命中真正想要的事物，例如愛與支持，以及為你在乎且重視的事物做出貢獻和成就。

　　我們講到了極端害羞的三種惡性循環，分別是：恐懼／逃離、羞恥／自責，和憎恨／怪罪他人，並了解羞恥如何讓我們感到與自己和他人疏離。我們學到如何提升社交能力，練習新的行為，嘗試新的相處模式。

　　我們也知道，對自己和他人慈悲，能大大幫助我們克服嚴重害羞在生活中造成的問題。感到社交焦慮並不是我們的錯：大腦之所以會產生這些感受，是演化過程中發展出來的保護機制。我們只是碰巧處在這樣的情境中，盡最大努力過上想要的

生活。而我們可以做的，是學習培養從容、鎮定的大腦狀態，並學著把與生俱來的善意和關懷（我們很幸運，和其他哺乳類一樣，演化出這些特質），用在自己與他人身上。為了達到這個目標，我們透過一系列包含正念呼吸和想像的練習，培養慈悲的心念和行為。

在克服害羞帶來的問題上，你已有了很大的進展。在最後一章，我們要來看一些保持進步的方法。同時，也會探討到，在遇到困難或挫折時，如何裝備好自己並持續進步。

情境練習 ‧ **成為持續進步的人**

你從本書中學到最重要的東西是什麼？

_____

趁著你還記憶猶新、認同那真的很重要，這個星期你想練習哪些新技能或行為？

_____

當你需要疼惜、善待自己時，你想要回頭做哪些練習？

_____

6 大實踐方法，迎接更美好的自己

持續寫，你會發現自己煥然一新

在你持續進行正念與安撫的訓練時，維持使用筆記本或寫日記的習慣，是個好主意。寫下你心裡想到的事，會幫助你重新平衡情緒和想法。未來，當你需要一些見解和提示時，也會隨手可得。

打開五感，將正念帶入生活

不帶批判地觀察你的身體感官、呼吸、你聽到的身體內部與外部的聲音，還有你的想法、想像與情緒，有助於培養正念。而你可以坐在椅子上練習，也能邊走路邊做正念練習。

你會發現，「想法」就如河面的落葉，飛快流過。注意看看，「觀察」如何幫助你從旁觀的角度，去檢視自己的想法、又不會深陷其中，也不會把它和不變的絕對事實混為一談。可以的話每天練習，幾分鐘也好。

把注意力放在最有價值的事上

把注意力放在你想要、渴望的東西上，放在你的優點與美好的經驗上。試著每天至少做一次這個練習，可以多做幾次更好。練習時，你也會發現做起來愈來愈得心應手、輕鬆且自然。你可以每小時看一次手錶，提醒自己想想自身優點，還有

真正想要的生活，這會是一大樂事。

創造出慈悲的形象

在你心裡創造慈悲形象。同樣的，如果可以的話，每天都這麼做。慈悲形象可以是飛馳而過的畫面、聲音或感覺，或是感受到關懷。或者，你也可以選擇自然意象，例如流水、大樹或動物。重點是，這些形象能讓你覺得得到安撫。記住，你是在幫助自己敞開心胸，接納來自內在的疼惜。持續練習，你也更可能注意到他人對你的關愛，以及察覺到自己對他人的慈悲之心。

努力去想像你的完美正能量好朋友、理想慈悲自我，以及已經存在於你內在、只須被喚醒的真實慈悲自我。盡你所能，去塑造支持、和善、明智、堅強、善解人意和鼓舞人心的意象，這些意象能容納痛苦的情緒，並幫助你在不被情緒淹沒的情況下，承受痛苦。長遠來看，這能減輕你的焦慮症狀。當這些症狀變得嚴重，你害怕被情緒淹沒，或覺得自己不值得被疼愛時，就暫停練習，回到舒緩的呼吸，之後再重新嘗試。只要有需要，永遠都可以暫停練習。

轉念的力量

當你在學著轉念、以揮別社交焦慮的想法，還有學習用支持性的想法來平衡心智並疼惜自我時，別忘了要一邊觀察你的

情緒。用「新腦」的推理、智慧和邏輯能力，來調節社交焦慮和讓人痛苦的害羞思維，回歸平衡。記住，你可以把無益的世界觀與自我信念換掉，調整成有用的信念。就像你可以訓練身體提升運動表現，同樣的，你也可以訓練心智。如果你每天鍛鍊，很快就會看到改變。而這也可以幫助你信任並接納自己與他人。

練習慈悲行為

採取行動，去做對自己和別人有幫助的事。自願去做你相信的事，去幫助年長的鄰居也可以。試著擔任大哥哥大姐姐去照顧有需要的小孩。養成慈悲行為，冒點風險去做點新鮮事，學習公開演說與展現堅定自信等技能，或者去上即興表演課程。盡你所能，勇敢抗拒去討好有權有勢者或剝削他人者的衝動，但要聽別人的意見並傾聽他們的考量，問清楚別人到底希望你怎麼做，釐清模稜兩可的行為與動機。問你可以怎麼做以提升工作上的表現。就算很困難，也要努力去做你認為正確的事，不要為了避免摩擦去當爛好人。試著根據你的價值觀說出真正的想法與感受，就算面對有權有勢的人也實話實說。就算你覺得寂寞，也要盡你所能拒絕毀滅性的人際關係，讓明智、和善、善解人意的慈悲自我成為你的嚮導與同伴。如果你身在一段讓人痛苦的關係、又覺得自己離不開，可嘗試向朋友或治療師尋求協助。學習輪流領導，循序漸進地承擔起領導者的角

色。別忘了，把事情拆解成一件件做得到的小步驟，一步一步來。

努力慈悲，是最厲害的能力

去去，刻板印象走！

注意有沒有針對你、家人或你的學經歷而來的刻板印象，並運用慈悲自我來抵抗隨之而來的影響。拒絕對種族、性別、宗教、可見差異與害羞本身的刻板印象，把心力放在你的目標上，堅定而自信地表達自己的立場。需要時，請向懂你的朋友或心理治療師求助。或是，家庭醫師可以把你轉介給合格的專業人士，必要時也可以開立藥物，幫助你達到較為平靜的狀態，好讓你能充分運用本書提到的原則。

霸凌的相反，是慈悲

兒童霸凌很常見，而害羞的孩子更容易成為下手的目標。如果你的孩子很害羞怕生，要確保他們的學校不容許霸凌行為，並能防患未然，而且明白霸凌會留下一輩子的創傷。如果校方放任霸凌，或無法有效遏止，請轉學。

職場霸凌很常見。如果你遇到霸凌，在處理問題時，別忘了對自己和霸凌者慈悲。如果霸凌者對你帶著慈悲心的處理方式沒有正面回應，請尋求協助。

給自己平靜與善意，原來這麼簡單

你可以利用本書的練習，讓自己更常感受到撫慰和疼惜，並在這個世界觸發讓你痛苦的害羞與社交焦慮時，能夠有效緩解。如果很難挪出時間做練習，你可以在睡前、剛剛醒來時、泡澡或淋浴時，甚至在等紅綠燈或在超市等結帳時做。如果你常常練習，每天花個幾分鐘，及／或每個星期花個半小時做個幾次，你會發現自己感覺更好、更強大了，因為你選擇創造能讓自己平靜的心理狀態。

在本書中，我們沒有花很大的篇幅談大腦的第三個情緒系統，即驅動／興奮系統。這裡有必要再著墨一下。事實上，明白一點很重要，那就是：在規畫任何你期待的事時（如郊遊、騎自行車、健行、參觀博物館、看電影或舞台劇），這個系統就會啟動。如果你覺得難過、低落、孤單或沮喪，驅動／興奮系統能提振你的精神，給你精力重新出發。這有助於你走出孤立，激勵你試著做一些慈悲的行為，像是邀請別人一起出來走走。如果你還沒準備好，可以從跟鄰居打招呼開始，或幫別人一點小忙，或是參加本地組織的志工活動。用一些你真正喜歡做的事來獎勵自己，也會有幫助，比方說聽唱片、看影片、看電影或買本新書。

實現並維持充滿關愛、真正健康的人際關係，是一個終生的過程。一旦你能慈悲地觀照自己與他人，帶著關愛的心做意

象練習，並心懷慈悲地思考與行動，你就是在創造理想的生活。你會學會承受自己的焦慮和情緒痛苦，同時把重點放在發展「慈悲的心」，啟動你的安撫系統。此外，你也可以帶著慈悲轉念，取代那些由社交焦慮和自責、羞辱自己的衝動，所驅使的想法，平衡你的心。當接下人生交給你的挑戰，努力應對時，請把注意力放在你認同的行為、並轉化為可行動的計畫，然後付諸實踐。同時，開始每天練習對一切都能抱持慈悲的關注，並培養慈悲的感受、思維和行為，就算只有幾分鐘也好。要對自己有耐心。培養慈悲心、改變行為，無法一夕之間就完成。請用滿滿的愛，來對待這些練習，成為自己的好朋友。

情境練習

你，就是自己最好的朋友

　　在你練習並持續理解自己和他人時，你想要一再告訴自己哪些話？

_____

　　當你在結交新朋友、和別人分享更多和你有關的事時，你抱持並為你指引方向的最重要價值觀是什麼？

_____

讓你發展中的慈悲自我伴你身旁，一起走向平靜與善意，並在這一路上抱持好奇心，享受歡愉。

致謝

非常感謝菲利普・金巴多：他是我在史丹佛的明師、益友兼研究夥伴。我們相識時，他正在講授他著名的史丹佛監獄實驗。我向來都對團體心理治療很感興趣，於是我問菲利普我能不能為新成立的害羞診所提供無償服務。幾星期之後，他要我管理診所，自此之後，他的支持與指導給了我很大的發揮空間，發展出一套針對害羞的密集式治療。他願意與我討論並集思廣益，這對我來說彌足珍貴。我由衷感謝他的指導，也謝謝他對我專業能力的信任與信心。

感謝保羅・吉伯特，他相信我可以將前作（主要是談，如何把慈悲焦點治療和我的社交適能訓練模型，運用到害羞和社交焦慮的治療），重新編寫成練習手冊，讓害羞者能更好理解相關概念和實作技巧，並得到更多幫助。他孜孜不倦地努力著，致力於透過研究和實踐慈悲焦點治療，來減輕世界的痛苦。

感謝肯恩・懷特（Ken White），他的才華與寫作技巧對本書的草稿貢獻良多。感謝 Little Brown 的安德魯・麥卡勒（Andrew McAleer），他幫助我讓內容聚焦，讓讀者更易讀。感謝我的孩子金柏莉（Kimberly）、馬克（Mark）和布魯克（Brooke），他們讓我深深明白什麼是人生最重要的事物。他

們的幽默、愛與誠實的回饋，帶給我歡笑與踏實感。感謝我的先生奧斯丁（Austin），他是摯友、摯愛，也是不斷輸入和輸出想法的人，我時時刻刻都對他心存感激。好奇心是驅使他探索人生的原動力，而他也投注了大量心力，只為了讓電腦發揮更大的作用，提供更好的使用者體驗。我和他都相信，不管設計什麼事物，都要把服務的對象當成平等的夥伴。最後，感謝我的害羞案主們，他們的專業和智慧一直指引著我，未來也將如此。我很感激他們的回饋與努力。他們是我最強大的研究夥伴。

參考資源

實用的書籍和有聲書

關於害羞相關主題

Antony, M. M. (2004). *10 Simple Solutions to Shyness: How to overcome shyness, social anxiety, and fear of public speaking.* Oakland, CA: New Harbinger.

Antony, M. M., & Swinson, R. P. (2008). *The Shyness and Social Anxiety Workbook: Proven, step-by-step techniques for overcoming your fear.* Oakland, CA: New Harbinger. Includes helpful cognitive behavioural exercises.

Aron, E. (1996). *The Highly Sensitive Person: How to thrive when the world overwhelms you.* New York: Broadway Books. Good discussion of sensitivity and how it differs from problematic shyness.

Butler, G. (2016). *Overcoming Social Anxiety and Shyness: A self-help guide using cognitive behavioural techniques.* London: Robinson. Very readable and helpful. Also available as an unabridged audiobook.

Cheek, J., Cheek, B., & Rothstein, L. (1989). *Conquering Shyness.* New York: G.P. Putnam's Sons. One of the early books on shyness based on research and still very relevant.

Dayhoff, S. (2000). *Diagonally-Parked in a Parallel Universe: Working through social anxiety*: Effectiveness-Plus Publications.

Flowers, S. (2009). *The Mindful Path Through Shyness: How mindfulness and compassion can help free you from social anxiety, fear & avoidance.* Oakland, CA: New Harbinger. Helpful mindfulness exercises and good discussion of shyness, with many examples of shyness from Flowers' first-hand experience.

Forsyth, J. P. & Eifert, G. H. (2007). *The Mindfulness and Acceptance Workbook for Anxiety: A guide to breaking free from anxiety, phobias, and worry using acceptance and commitment therapy.* Oakland, CA: New Harbinger. Very helpful book based on acceptance and commitment therapy.

Gilbert, P. (2009). *Overcoming Depression: A self-help guide using cognitive behavioural techniques.* London: Robinson. Very helpful book for depression. Also available as an unabridged audiobook.

Gilbert, P. (2015). 'An evolutionary approach to emotion in mental health with a focus on affiliative emotions', *Emotion Review, 0,* 1–8.

Henderson, L. (1992). 'Shyness Groups'. In M. McKay & K. Paleg (eds.), *Focal Group Psychotherapy* (pp. 29–66). Oakland, CA: New Harbinger. Helpful to therapists who want to work with shyness in groups.

Henderson, L. (2006, Winter). Gifted and shy. *Duke Gifted Letter, 6,* 5, 10.

Henderson, L. (2010). *Improving Social Confidence and Reducing Shyness Using Compassion Focused Therapy.* London: Robinson.

Henderson, L. (2014). *Helping your Shy and Socially Anxious Client: A Social Fitness Training protocol using CBT.* Oakland, CA: New Harbinger.

Henderson, L. & Zimbardo, P. (2001). Shyness as a clinical condition: The Stanford model. In R. Crozier & L. Alden (eds.), *The International Handbook of Social Anxiety: Concepts, research and interventions relating to the self and shyness.* New York: Wiley.

Henderson, L. & Zimbardo, P. (2010). Shyness, social anxiety, and social anxiety disorder. In S. G. Hofmann & P. M. DiBartolo (eds.), *Social Anxiety: Clinical, developmental, and social perspectives* (pp. 65–93). London, UK: Elsevier.

Henderson, L., Zimbardo, P. & Rodino, E. (2002). *Painful shyness in children and adults* ([Brochure] ed.). Washington, D. C.: Psychologists in Independent Practice, a Division of the American Psychological Association (APA) and The Shyness Institute. Useful introduction that helps parents decide if a child's shyness is a problem. A pdf of the brochure may be found at www.apa.org/helpcenter/shyness.pdf.

Huber, C. (2001). *There is Nothing Wrong with You: Going beyond self-hate.* Murphys, CA: Keep it Simple Books. Very helpful book by a well-known Zen teacher in dealing with shame.

Johnson, D. (2012). *Reaching Out: Interpersonal effectiveness and self-actualization* (11th ed.). New York: Pearson. A useful general, research-based book on effective communication that we use in shyness groups.

Laney, M. O. (2002). *The Introvert Advantage.* New York: Workman Publishing Company. Interesting and useful book on the advantages of introversion.

Layard, R. (2005). *Happiness: Lessons from a new science*. New York: Penguin.

Leahy, R. (2006). *The Worry Cure*. London: Piatkus. Helpful in tackling rumination and agitation that can go along with shyness. Comes with a CD.

Lyubomirsky, S. (2008). *The How of Happiness*. New York: Penguin. This is a positive psychology book, written by a social psychologist; very helpful.

Ricard, M. (2003). *Happiness: A guide to developing life's most important skill*. New York: Little, Brown & Company. An adaptation of this book in audio is available from www.soundstrue. com.

Sapolsky, R. (1994). *Why Zebras Don't Get Ulcers: An updated guide to stress, stress-related disease, and coping*. New York: Freeman.

Sapolsky, R. M. (1997). *'The Trouble with Testosterone' and Other Essays on the Biology of the Human Predicament*: Scribner. Sapolsky writes with great humour and compassion about our all-too-human nature.

Thompson, M. (2020). *Cognitive Behavioral Therapy for Depression*. Emeryville, CA: Rockridge Press.

Tomkins, M. A. (2020). *Zero to 60*. Washington, DC: Magination Press. A good guide for teenagers to help manage frustration and anger.

Tompkins, M. A., Martinez, K. A. & Sloan, M. (2009). *My Anxious Mind: A teen's guide to managing anxiety and panic*. Oakland: New Harbinger. Offers helpful strategies for teenagers, written in a very accessible style.

Zimbardo, P. G. (1977). *Shyness: What it is, what to do about it*. Reading, MA: Addison-Wesley. Based on his groundbreaking research and reprinted many times, this book is still a classic and one of the best-selling self-help books of all time.

Zimbardo, P. G., & Radl, S. L. (1981). *The Shy Child*. New York: McGraw-Hill. Another older book that is still very relevant.

關於害羞的刻板印象

Lane, C. (2007). *Shyness: How normal behavior became a sickness*. New Haven & London: Yale University Press.

Scott, S. (2007). *Shyness and Society: The illusion of competence*: Palgrave Macmillan.

關於職場霸淩的處理

Namie, G., & Namie, R. (2009). *The Bully at Work: What you can do to stop the hurt and reclaim your dignity on the job*. Naperville, IL: Sourcebooks, Inc.

關於冥想

Chodron, P. (2007). *How to Meditate: A practical guide to making friends with your mind*. In. Boulder, CO: Sounds True.

Kornfield, J. (2004). *Meditation for Beginners*. New York: Bantam Books.

Nhat Hanh, T. (2004). *Taming the Tiger Within: Meditations on transforming difficult emotions*. New York: Riverhead Books. This book is helpful in tackling anger and resentful feelings as well as social anxiety and fearfulness.

關於正念和慈悲

Begley, S. (2009). *The Plastic Mind: New science reveals our extraordinary potential to transform ourselves*. London: Robinson. A great introduction to the science of mindfulness.

Brantley, J. (2003). *Calming your Anxious Mind: How mindfulness and compassion can free you from anxiety, fear and panic*. Oakland, CA: New Harbinger.

Chodron, P. (2009). *Taking the Leap: Freeing Ourselves from Old Habits and Fears*. Boston, MA: Shambala Publications, Inc.

Lama, D. (2009). *The Art of Happiness: A handbook for living*. New York: Riverhead Books.

Germer, C. K. (2009). *The Mindful Path to Self-compassion: Freeing yourself from destructive thoughts and emotions*. New York: Guilford Press.

Gilbert, P. (2009). *The Compassionate Mind*. London: Robinson.

Kabat-Zinn, J. (2005). *Coming to our Senses: Healing ourselves and the world through mindfulness*. London Piatkus.

Stahl, R., & Goldstein, E. (2019). *A Mindfulness-based Stress Reduction Workbook*. Oakland, CA: New Harbinger. This book is accompanied by thirty-two downloadable guided meditations. Robert Stahl is a former Buddhist monk with many years of experience in teaching Mindfulness-Based Stress Reduction classes and training MBSR practitioners.

注釋

第 1 章　其實，害羞不是一種缺陷

1　*On shyness as 'a blend of fear and interest'*: C. E. Izard and M. C. Hyson, 'Shyness as a discrete emotion', in W. H. Jones, J. M. Cheek and S. R. Briggs (eds.), *Shyness: Perspectives on Research and Treatment* (New York: Plenum, 1986), pp. 147–60.

2　*On brain design and difficulties associated with shyness*: P. Gilbert, *The Compassionate Mind* (London: Constable, 2009); D. Keltner, *Born to be Good: The science of a meaningful life* (New York: Norton, 2009).

3　*On statistics about student shyness*: B. J. Carducci, Q. A. Stubbins and M. Bryant, *Still Shy After All These (30) Years* (Boston: American Psychological Association, 2007).

4　*On stereotypes about shyness*: C. Steele, 'A threat in the air', *American Psychologist*, 52 (1997), pp. 613–29; C. M. Steele, S. J. Spencer and M. Lynch, 'Self-image resilience and dissonance: the role of affirmational resources', *Journal of Personality and Social Psychology*, 64 (1993), pp. 885–96.

5　*On fear of becoming intimate with people*: P. G. Zimbardo, (1986), 'The Stanford shyness project', in W. H. Jones, J. M. Cheek and S. R. Briggs (eds.), *Shyness: Perspectives on research and treatment* (New York: Plenum, 1986), pp. 17–25; P. A. Pilkonis, 'Shyness, public and private, and its relationship to other measures of social behavior', *Journal of Personality*, 45 (1977), pp. 585–95; P. A. Pilkonis and P. G. Zimbardo, 'The personal and social dynamics of shyness', in C. E. Izard (ed.), *Emotions in Personality and Psychopathology* (New York: Plenum, 1979), pp. 131–60; L. Henderson, 'Social Fitness: facilitating self-expression in the socially inhibited', *Society for Interpersonal Research and Theory (SITAR) Newsletter*, no. 3 (Feb. 2003), pp. 2–3; T. St Lorant, L. Henderson and P. Zimbardo, 'Comorbidity in chronic shyness', Depression and Anxiety, 12 (2000), pp. 232–7.

6　*On signs and symptoms of social anxiety/social phobia*: DSM-5: *Diagnostic and statistical manual of mental disorders*, 5th edn (Arlington, VA: American Psychiatric Association, 2013).

7   *On social anxiety*: Hofmann, S.G., & DiBartolo, P.M. (eds.) (2014). *Social Anxiety: Clinical, developmental, and social perspectives*, 3rd ed. (Waltham, MA: Academic Press).

8   *On the prevalence of social anxiety disorder*: R. C. Kessler, W. T. Chiu, O. Demler and E. E. Walters, 'Prevalence, severity, and comorbidity of 12-month DSM-IV disorders in the national comorbidity survey replication', *Archives of General Psychiatry*, 62 (2005), pp. 617–27.

9   *On bad experiences and normal shyness*: J. Kagan, *Galen's Prophecy: Temperament in human nature* (New York: Basic Books, 1994); J. Kagan, J. S. Reznick and N. Snidman, 'Biological bases of childhood shyness', *Science*, 240 (1988), pp. 167–71; E. N. Aron and A. Aron, 'Sensory-processing sensitivity and its relation to introversion and emotionality', *Journal of Personality and Social Psychology*, 73/2 (1997), pp. 345–68; E. Aron, *The Highly Sensitive Person: How to thrive when the world overwhelms you* (New York: Broadway Books, 1996).

10 *On behaviour of shy adolescents and inward focus*: M. H. Davis and S. L. Franzoi, 'Stability and change in adolescent self-consciousness and empathy', *Journal of Research in Personality*, 25 (1991), pp. 70–87.

11 *On health in shy and non-shy children*: I. R. Bell, M. L. Jasnoski, J. Kagan and D. S. King, 'Is allergic rhinitis more frequent in young adults with extreme shyness? A preliminary survey', *Psychosomatic Medicine* 52 (1990), pp. 517–25.

12 *On how pursuing safety can interfere with interacting with others*: L. Alden and P. Bieling, 'Interpersonal consequences of the pursuit of safety (behavior research and therapy)', *Personality and Social Psychology Review*, 10 (1998), pp. 67–86.

13 *On complementary behaviour*: D. J. Kiesler, *Contemporary Interpersonal Theory and Research: Personality, psychopathology, and psychotherapy* (New York: Wiley, 1996).

14 *On more collaborative social styles*: S. T. Taylor, 'Tend and befriend', *Current Directions in Psychological Science*, 15 (2006), pp. 273–7; S. E. Taylor, J. S. Lerner, D. K. Sherman, R. M. Sage and N. K. McDowell, 'Are self-enhancing cognitions associated with healthy or unhealthy biological profiles?', *Journal of Personality and Social Psychology*, 85 (2003), pp. 605–15.

15 *On famous shy people*: The list is endless. Phil Zimbardo named several in his book *Shyness: What It Is, What To Do About It* (Reading, MA: Addison-Wesley, 1977). I found Renee Gilbert's extremely useful website by searching for 'famous shy people' on the web: www.shakeyourshyness.com/shypeople.htm.

16 *On Lincoln*: D. K. Goodwin, *Team of Rivals: The political genius of Abraham Lincoln* (New York: Simon & Schuster, 2005).

17 *On Poitier*: M. Milloy, 'Sidney Poitier', *AARP: The Magazine*, 50–52 (Sept–Oct 2008), p. 114.

18 *On prevention focus and promotion focus*: W. Mischel and Y. Shoda, 'A cognitive-affective system theory of personality: reconceptualizing the invariances in personality and the role of situations', *Psychological Review*, 102 (1995), pp. 246–68; W. Mischel, Y. Shoda and R. E. Smith, *Introduction to Personality*, 7th edn (Hoboken, NJ: Wiley, 2004); J. A. Gray, 'The psychophysiological basis of introversion–extraversion: a modification of Eysenck's theory', in V. D. Nebylitsyn and J. A. Gray (eds.), *The Biological Bases of Individual Behaviour* (San Diego, CA: Academic Press, 1972), PP. 182–205; J. A. Gray, 'Perspectives of anxiety and impulsivity: a commentary', *Journal of Research in Personality*, 21 (1987), pp. 493–509; C. S. Carver and T. L. White, 'Behavioral inhibition, behavioral activation, and affective responses to impending reward and punishment: the BIS/BAS scales', *Journal of Personality and Social Psychology*, 67 (1994), pp. 319–33.

19 *On trustworthiness in shy graduate students*: J. Kagan, *Galen's Prophecy: Temperament in human nature* (New York: Basic Books, 1994).

20 *On bullying*: T. R. Nansel, M. Overpeck, R. S. Pilla, W. J. Ruan, B. Simons-Morton and P. Scheidt, 'Bullying behaviors among US youth', *Journal of the American Medical Association*, 285 (2001), pp. 2094–100.

21 *On the difficulties of shy extroverts*: P. A. Pilkonis, 'Shyness, public and private, and its relationship to other measures of social behavior', *Journal of Personality*, 45 (1977), pp. 585–95; P. A. Pilkonis and P. G. Zimbardo, 'The personal and social dynamics of shyness', in C. E. Izard (ed.), *Emotions in Personality and Psychopathology* (New York: Plenum Press, 1979), pp. 131–60.

22 *On 'behaviourally inhibited' children*: J. Kagan, *Galen's Prophecy: Temperament in human nature* (New York: Basic Books, 1994); R. M. Henig, 'Understanding the anxious mind', *New York Times*, 4 Oct. 2009.

23 *On sensitivity*: E. N. Aron and A. Aron, 'Sensory-processing sensitivity and its relation to introversion and emotionality', *Journal of Personality and Social Psychology*, 73/2 (1997), pp. 345–68; E. Aron, *The Highly Sensitive Person: How to thrive when the world overwhelms you* (New York: Broadway Books, 1996).

24 *On attribution style and self-blaming*: C. A. Anderson and L. H. Arnoult, 'Attributional style and everyday problems in living: depression, loneliness, and shyness', *Social Cognition*, 3 (1985), pp. 16–35; M. Girodo, S. E. Dotzenroth and S. J. Stein, 'Causal attribution bias in shy males: implications for self-esteem and self-confidence', *Cognitive Therapy*

and Research, 5 (1981), pp. 325–38; S. Minsky, 'Social anxiety and causal attribution for social acceptance and rejection', 46 (1985), p. 2632A; P. Trower, G. Sherling, J. Beech, C. Harrop and P. Gilbert, 'The socially anxious perspective in face-to-face interaction: an experimental comparison', *Clinical Psychology and Psychotherapy*, 5 (1998), pp. 155–66; L. Henderson, 'Fearfulness predicts self-blame and shame in shyness', *Personality and Individual Differences*, 32 (2002), pp. 79–93; L. Henderson and P. Zimbardo, 'Self-blame attributions in shys vs. non-shys in a high-school sample', paper presented at the annual conference of the Anxiety Disorders Association of America, Charleston, SC, 1993.

25 *On shame as a self-conscious emotion*: H. B. Lewis, *Shame and Guilt in Neurosis* (New York: International Universities Press, 1971).

26 *On shame as an activator of stress responses*: P. Gilbert, *The Compassionate Mind* (London: Constable, 2009); S. S. Dickerson and M. E. Kemeny, 'Acute stressors and cortisol response: a theoretical integration and synthesis of laboratory research', *Psychological Bulletin*, 130 (2004), pp. 335–91.

27 *On how people assign responsibility for what happens*: C. A. Anderson and L. H. Arnoult, 'Attributional style and everyday problems in living: depression, loneliness, and shyness', *Social Cognition*, 3 (1985), pp. 16–35; M. Girodo, S. E. Dotzenroth and S. J. Stein, 'Causal attribution bias in shy males: implications for self-esteem and self-confidence', *Cognitive Therapy and Research*, 5 (1981), pp. 325–38; S. Minsky, 'Social anxiety and causal attribution for social acceptance and rejection', 46 (1985), p. 2632A.

28 *On how shy people see others in relation to shyness*: L. Henderson and L. M. Horowitz, *The Estimations of Others Scale (EOS)* (Palo Alto, CA: Shyness Institute, 1998).

29 *On social fitness training*: L. Henderson, (2007). *Social Fitness Training: A cognitive behavioral protocol for the treatment of shyness and social anxiety disorder* (Palo Alto, CA: Shyness Institute, 2007); L. Henderson, *Social Fitness Client Manual* (Palo Alto, CA: Shyness Institute, 2008).

第 2 章　藏在大腦的害羞祕密

1 *On social rank theory*: P. Gilbert, 'The relationship of shame, social anxiety and depression: the role of the evaluation of social rank', *Clinical Psychology and Psychotherapy*, 7 (2000), pp. 174–89; P. Gilbert, 'Evolution and social anxiety: the role of attraction, social competition, and social hierarchies', *Psychiatric Clinics of North America*, 24 (2001), pp. 723–51;

P. Gilbert and P. Trower, 'The evolution and manifestation of social anxiety', in W. R. Crozier (ed.), *Shyness and Embarrassment: Perspectives from social psychology* (Cambridge: Cambridge University Press, 1990), pp. 144–77.

2   *On the effect of social exclusion on the brain*: R. F. Baumeister, C. N. DeWall, N. J. Ciarocco and J. M. Twenge, 'Social exclusion impairs self-regulation', *Journal of Personality and Social Psychology*, 88/4 (2005), pp. 589–604.

3   *On the importance of accepting things as they are and finding our core values*: S. C. Hayes, *Get Out of Your Mind and Into Your Life* (Oakland, CA: New Harbinger, 2005).

4   *On what people look for in a partner*: D. M. Buss and M. Barnes, 'Preferences in human mate selection', *Journal of Personality and Social Psychology*, 50 (1986), pp. 559–70.

5   *On self-compassion*: K. Neff, 'Self-compassion: an alternative conceptualization of a healthy attitude toward oneself', *Self and Identity*, 2 (2003), pp. 86–101; K. Neff, 'Self-compassion and psychological well-being', *Constructivism in the Human Sciences*, 9 (2004), pp. 27–37. Kristen Neff, one of the early researchers to study self-compassion, has a helpful website at www.self-compassion.org. There is a questionnaire on the site to measure how self-compassionate you are, and there are suggestions for increasing your self-compassion.

6   *On good news*: You can find the online magazine at www.goodnewsnetwork.org. The website on the evolution of human goodness was started by Dacher Keltner at Berkeley; it's called the Greater Good Website, and you can find it at http://greatergood.berkeley.edu. All these ventures are about where we focus our attention and what we want to build together. See D. Keltner, *Born to be good: the science of a meaningful life* (New York: Norton, 2009)

第 3 章　慈悲，害羞者的社交魔法

1   *On the beneficial effects of compassion on the brain*: you can read more about the evidence for this in Sharon Begley's important book *The Plastic Mind: New science reveals our extraordinary potential to transform ourselves* (London: Constable, 2009). See also P. Gilbert, *The Compassionate Mind* (London: Constable, 2009).

第 4 章　正念、旁觀者與猴子心思

1   *On Mindfulness-Based Stress Reduction (MBSR)*: J. Kabat Zinn, *Full Catastrophe Living* (New

York: Delacorte Press, 1990; J. Kabat-Zinn, *Coming to our Senses: Healing ourselves and the world through mindfulness* (New York: Piatkus, 2005). These are two excellent books by the founder and disseminator of the Mindfulness-Based Stress Reduction Program at the University of Massachusetts Medical Center. See also S. Flowers, *The Mindful Path Through Shyness* (Oakland, CA: New Harbinger, 2009): this is written by an experienced teacher of MBSR.

2   *On equipment for meditation*: you can see examples of meditation cushions and benches at websites such as http://www.dharmaCrafts.com or http://www. bluebanyan.co.uk.

3   *On Pema Chodron*: P. Chodron, *Taking the Leap: Freeing ourselves from old habits and fears* (Boston: Shambala, 2009).

4   *On the image of a sturdy oak tree in meditation*: I learned this image in Mindfulness-Based Stress Reduction practical training with Dr Robert Stahl in Mount View, California.

5   *On the role of oxytocin in sexual arousal:* D. Keltner, *Born to be Good: The science of a meaningful life* (New York: Norton, 2009).

第 5 章　害羞者的「想像」練習

1   *On studies showing how MBSR can help to reduce negative thoughts about the self in social anxiety*: P. Goldin, W. Ramel and J. Gross, 'Mindfulness meditation training and self-referential processing in social anxiety disorder: behavioral and neural effects', *Journal of Cognitive Psychotherapy*, 23 (2009), pp. 242–57.

2   *For 'When Death Comes' by Mary Oliver*: M. Oliver, *New and Selected Poems* (Boston: Beacon, 1992).

3   *On Edna Foa's post-traumatic stress disorder treatment centre:* see http://www.med.upenn. edu/ctsa/. For the UK, see also Centre for Anxiety Disorders and Trauma, South London and Maudsley NHS Trust/ Institute of Psychiatry, http://psychology.iop.kcl. ac.uk/cadat/GPs/PTSD.aspx. See also E. B. Foa and M. J. Kozak, 'Emotional processing of fear: exposure to corrective information', *Psychological Bulletin*, 99 (1986), pp. 20–35; E. B. Foa and M. J. Kozak, 'Clinical applications of bioinformational theory: understanding anxiety and its treatment', *Behavior Therapy*, 29 (1998), pp. 675–90.

第 6 章　害羞者的「轉念」練習

1　*On the human tendency to develop theories about others and the world based on experience and social relationships*: G. Kelly, *A Theory of Personality: The psychology of personal constructs* (New York: Norton, 1963).

2　*On Cheri Huber and the things children are told*: C. Huber, *There is Nothing Wrong with You: Going beyond self-hate* (Murphys, CA: Keep it Simple, 2001), pp. 2–3. You can find information about Cheri Huber's workshops, retreats and peace projects at her website, www.livingcompassion.org.

3　*On Beck's work with depression*: A. T. Beck, A. J. Rush, B. F. Shaw and G. Emery, *Cognitive Therapy of Depression* (New York: Guilford, 1979); A. T. Beck, 'Cognitive therapy: a 30-year retrospective', *American Psychologist*, 46 (1991), pp. 368–75.

4　*On Albert Ellis's work about 'shoulds' and 'oughts'*: A. Ellis, *A Guide to Rational Living* (Englewood Cliffs, NJ: Prentice-Hall, 1961); A. Ellis, *How to Control Your Anxiety Before It Controls You* (New York: Citadel/Kensington, 1998).

5　*On cognitive behavioural therapy in treating shyness and social anxiety*: in Social Fitness Training[SM] the first 13 weeks of treatment are CBT, based on the learning model used by Philip Zimbardo in early shyness groups and on controlled studies of social anxiety disorder. See L. Henderson, 'Shyness groups', in M. McKay and K. Paleg (eds.), *Focal Group Psychotherapy* (Oakland, CA: New Harbinger, 1992); L. Henderson, *Social Fitness Training: A cognitive behavioral protocol for the treatment of shyness and social anxiety disorder* (Palo Alto, CA: Shyness Institute, 2007); L. Henderson, *Social Fitness Client Manual* (Palo Alto, CA: Shyness Institute, 2008); P. G. Zimbardo, 'The Stanford shyness project', in W. H. Jones, J. M. Cheek and S. R. Briggs (eds.), *Shyness: Perspectives on research and treatment* (New York: Plenum, 1986), pp. 17–25; R. G. Heimberg, C. S. Dodge, D. A. Hope, C. R. Kennedy, L. Zollo and R. E. Becker, 'Cognitive behavioral group treatment for social phobia: comparison with a credible placebo control', *Cognitive Therapy and Research*, 14 (1990), pp. 1–23. An excellent self-help book in this area is Gillian Butler's *Overcoming Social Anxiety and Shyness: A self-help guide using cognitive behavioral techniques* (London: Constable, 2008). Another very good book that uses a learning model and has lots of helpful exercises is Signe Dayhoff's *Diagonally-parked in a Parallel Universe* (Placitas, NM: Effectiveness-Plus, 2000).

6　*On using an alarm to help in self-monitoring thoughts and feelings*: The Washington Mindfulness

Community in the US has a website where they offer a free mindful clock for PC users that you can download at http://www.mindfulnessdc.org/mindfulclock.html.

第 7 章　讓害羞和社交焦慮，重新回到平衡

1　On social fitness training, and viewing thoughts and emotions as theories to be tested: L. Henderson, *Social Fitness Training: A cognitive behavioral protocol for the treatment of shyness and social anxiety disorder* (Palo Alto, CA: Shyness Institute, 2007); L. Henderson, *Social Fitness Client Manual* (Palo Alto, CA: Shyness Institute, 2008).

2　*On Albert Ellis's principles*: A. Ellis, *How to Control Your Anxiety Before It Controls You* (New York: Citadel/Kensington, 1998).

3　*On compassionate mind training and resisting the inner critic*: A. C. Kelly, D. C. Zuroff and L. B. Shapira, 'Soothing oneself and resisting self-attacks: the treatment of two intrapersonal deficits in depression vulnerability', *Cognitive Therapy and Research*, 33 (2009), pp. 301–13.

4　*On mirrors and fidelity to our inner thoughts*: M. F. Scheier, C. S. Carver and F. X. Gibbons, 'Self-directed attention, awareness of bodily states, and suggestibility', *Journal of Personality and Social Psychology*, 37/9 (1979), pp. 1576–88.

5　*On Gestalt therapy*: F. Perls, *The Gestalt Approach and Eye-witness to Therapy* (Ben Lomand, CA: Science and Behavior Books, 1973).

第 8 章　害羞者的「行為」練習

1　*On being assertive*: D. Johnson, *Reaching Out: Interpersonal effectiveness and self-actualization*, 10th edn (Needham Heights, MA: Allyn & Bacon, 2008).

2　*On Zimbardo and 'The Psychology of* Mind Control': P. Zimbardo, *The Lucifer Effect: Understanding how good people turn evil* (New York: Random House, 2008).

3　*Review of international research on bullying*: T. R. Nansel, M. Overpeck, R. S. Pilla, W. J. Ruan, B. Simons-Morton and P. Scheidt, 'Bullying behaviors among US youth', *Journal of the American Medical Association*, 285 (2001), pp. 2094–100.

4　*On bullying at the workplace*: A. Van Dusen, 'Ten signs you are being bullied at work', www.forbes.com, 2008; G. Namie and R. Namie, *The bully at work: what you can do to stop the hurt and reclaim your dignity on the job* (Naperville, IL: Sourcebooks, 2009).

5 On a compassionate way to confront a bully: P. Gilbert, *The Compassionate Mind* (London: Constable, 2009), p. 395.

6 *On shy leaders*: J. Collins, *From Good to Great* (New York: Harper Business, 2001).

7 *On authentic leadership*: W. L. Gardner, B. J. Avolio, F. Luthans, D. R. May and F. Walumbwa, '"Can you see the real me?" A self-based model of authentic leader and follower development', *Leadership Quarterly*, 16 (2005), pp. 343–72.

8 *On negative stereotyping of shy men*: R. X. Cringely, Accidental Empires: How the boys of Silicon Valley make their millions, battle foreign competition, and still can't get a date (New York: Harper Collins, 1992).

9 *On ambiguity in interpersonal behaviour*: L. Horowitz, K. Wilson, B. Turan, P. Zolotsev, M. Constantino and L. Henderson, 'How interpersonal motives help clarify the meaning of an interpersonal behavior: a revised circumplex model', *Personality and Social Psychology Review*, 10 (2006), pp. 67–86.

害羞者的社交手冊
The Shyness Workbook: Take Control of Social Anxiety Using Your Compassionate Mind

作　　者　　琳恩‧韓德森（Lynne Henderson）
譯　　者　　吳書楡
主　　編　　呂佳昀

總 編 輯　　李映慧
執 行 長　　陳旭華（steve@bookrep.com.tw）

出　　版　　大牌出版 / 遠足文化事業股份有限公司
發　　行　　遠足文化事業股份有限公司（讀書共和國出版集團）
地　　址　　23141 新北市新店區民權路 108-2 號 9 樓
電　　話　　+886-2-2218-1417
郵撥帳號　　19504465 遠足文化事業股份有限公司

封面設計　　朱疋
排　　版　　新鑫電腦排版工作室
印　　製　　博創印藝文化事業有限公司
法律顧問　　華洋法律事務所　蘇文生律師

定　　價　　450 元
初　　版　　2024 年 11 月

電子書 E-ISBN
9786267600108（EPUB）
9786267600092（PDF）

國家圖書館出版品預行編目資料

害羞者的社交手冊 / 琳恩‧韓德森 (Lynne Henderson) 著；吳書楡 譯. --
初版. -- 新北市：大牌出版，遠足文化發行，2024.11
352 面；14.8×21 公分
譯自：The shyness workbook : take control of social anxiety using your compassionate mind
ISBN 978-626-7600-14-6（平裝）
1. CST: 社交　2. CST: 信心訓練　3. CST: 心理衛生

192.3　　　　　　　　　　　　　　　　　　113015269